Limpiezas con Arcángeles®
Un manual para liberar energías no deseadas

de

Diana Burney

If you purchased this book without a cover you should be aware that this book is stolen property. It was reported as "unsold and destroyed" to the publisher and neither the author nor the publisher has received any payment for this "stripped book."

LIMPIEZAS CON ARCANGELES®:
UN MANUAL PARA LIBERAR ENERGÍAS NO DESEADAS
Copyright © 2019 DIANA BURNEY. All rights reserved, including the right to reproduce this book, or portions thereof, in any form. No part of this text may be reproduced, transmitted, downloaded, decompiled, reverse engineered, or stored in or introduced into any information storage and retrieval system, in any form or by any means, whether electronic or mechanical without the express written permission of the author. The scanning, uploading, and distribution of this book via the Internet or via any other means without the permission of the publisher is illegal and punishable by law. Please purchase only authorized electronic editions and do not participate in or encourage electronic piracy of copyrighted materials.

TÍTULO ORIGINAL: **Archangel Clearings®** A Manual to Release Unwanted Energies

Copyright © 2019 DIANA BURNEY. Toda la información de este libro es propiedad de Diana Burney. Copyright y todas leyes de propiedad intelectual protegen este material. Reproducción o retransmisión, total o parcial, de cualquier forma, sin el previo consentimiento escrito del titular, es violación de la ley de copyright.

La editorial no tiene control sobre y no asume responsabilidad alguna por el autor o sitios web de terceros o su contenido.

Diseño de portada por Telemachus Press, LLC

Ilustración de portada:
The Archangel photo de LJ Zinkand

Traducido por Graciela Prieto

Publicado por Telemachus Press, LLC
7652 Sawmill Road
Suite 304
Dublin, Ohio 43016
http://www.telemachuspress.com

Visite el sitio web de la autora:
http://www.earthrelease.com

ISBN: 978-1-7332901-0-4 (eBook)
ISBN: 978-1-7332901-1-1 (Libro de tapa blanda)
ISBN: 978-1-7332901-2-8 (Libro de tapa blanda, Español)

Versión 2019.12.24

Elogios por las Limpiezas con Arcángeles

Diana Burney es una maestra de las limpiezas. Su vasta experiencia y filosofía energética están plasmadas en este libro; una guía esencial para tiempos difíciles. Diana enseña cómo incluir la sanación a personas, animales, bosques y al planeta. Este libro provee una explicación completa de la necesidad de limpiezas en niveles físicos, mentales, emocionales y espirituales. Recomiendo este libro a cualquier persona que esté sufriendo depresión, ansiedad o estancamiento. Provee métodos eficaces para limpiar negatividad del pasado y del presente. Al hacerlo, se ilumina el campo de energía y acelera el crecimiento espiritual y personal.

—Diane Wing, autora de *The True Nature of Energy: Transforming Anxiety into Tranquility*

En este libro tan especial encontrará una manera simple y hermosa de contactarse y trabajar con los Arcángeles y miembros del Equipo de Limpieza Espiritual. Además, aprenderá a utilizar varias formas de autoprotección, que son extremadamente importantes en los entornos cambiantes en los que vivimos. Diana ha dedicado su vida a ayudar a la humanidad y su nuevo libro ofrece al lector soluciones a muchos problemas, que tanto nosotros como la Madre Tierra estamos enfrentando.

—Amara Mahdhuri, autora de *Fast Track to Enlightenment*

La creación de este manual para liberar energías no deseadas es un regalo inspirador nunca visto antes. Proporciona una herramienta para que cualquier persona pueda limpiar las energías negativas dentro y alrededor de su entorno, para mantener el equilibrio y la armonía en su vida.

—James Patrick McDonald, autor de *Who Would I Be Without* and *Illusive Secrets I & II*.

Nota al lector: La información de este libro no constituye asesoramiento médico o terapéutico para ninguna condición médica y/o psicológica y no debe ser utilizada por el lector para diagnosticar o tratar condiciones médicas. Dicha información no sustituye ningún tratamiento médico y/o físico realizado por un profesional de la salud. Si el lector cree que está (o podría estar) en presencia de cualquier síntoma médico o psicológico de algún tipo, debería buscar la ayuda de un médico colegiado.

La autora y la editorial no asumen responsabilidad por daños de cualquier tipo que resulten, de manera directa o indirecta, de la implementación de información proporcionada por este libro. Cualquier aplicación del material de las siguientes páginas queda a discreción del lector y es completa responsabilidad del mismo.

Los procesos y técnicas descriptos aquí son proporcionados a modo de información y no de prescripción. No han sido testeados en una gran cantidad de individuos ni han sido establecidos científicamente. Ni la autora ni la editorial pueden asumir responsabilidad por cualquier mal efecto que pueda producirse como resultado de la utilización de estas técnicas y/o procesos. El lector los realiza bajo su propia responsabilidad.

Para mi hermana, Kristy

Tabla de Contenidos

Prólogo

i

Introducción   1

Capítulo Uno: ¿Qué es la limpieza a distancia?   4

Capítulo Dos: Limpiezas con Arcángeles

6

    Situaciones que pueden requerir una Limpieza personal con Arcángeles

    Vulnerabilidades a interferencias externas

    ¿Necesita una Limpieza con Arcángeles?

    Explicaciones de la Técnica de Limpieza con Arcángeles®

Capítulo Tres: Limpiezas Personales con Arcángeles   18

    Cómo realizar la Limpieza Personal con Arcángeles

    Ejercicios de Grounding (conexión con la tierra)

    Sanación acelerada

    Liberación espiritual

Capítulo Cuatro: Limpiezas con Arcángeles a hogares y negocios   42

    Situaciones que pueden requerir una Limpieza con Arcángeles en un negocio

    Condiciones que pueden requerir una Limpieza de negocio

    Cómo realizar Limpiezas con Arcángeles a hogares y negocios

Ejercicios de grounding (conexión con la tierra)

Capítulo Cinco: Limpieza con Arcángeles a Animales   58

¿Su mascota necesita una limpieza?

Realizar una Limpieza con Arcángeles a animales

Capítulo Seis: Opciones de radiestesia   62

Básicos del péndulo

Técnicas sin dispositivos

Kinesiología

Técnicas intuitivas

Capítulo Siete: Miembros del Equipo de Limpieza Espiritual   72

Presencia YO SOY

Señor Sananda

Madre María

Kwan Yin

Amadas Legiones de Luz

Maestro Saint Germain

La Gran Hermandad Blanca

Ángeles de la Llama Violeta

Arcángel Miguel

Arcángel Rafael

Arcángel Uriel

Arcángel Gabriel

　　Arcángel Chamuel

　　Arcángel Jofiel

　　Arcángel Zadquiel

　　Madre Tierra

　　Deva del Reino de la Tierra

　　Deva de Sanación

　　Pan y los Espíritus de la Naturaleza

　　Ancestros y Guardianes

Capítulo Ocho: Protección Divina   77

　　Protección diaria del campo de fuerza tricolor

　　Pilar de Luz

　　Círculo de Llama Azul

　　Meditación del santuario interior

　　Sellar la Meditación de Luz

　　Escudo del Trabajador de Luz

　　Invocación al Arcángel Miguel

　　Condiciones de Emergencia

Capítulo Nueve: Fitness Espiritual   87

Capítulo Diez: Desconectase de la Matriz   91

Capítulo Once: Sanaciones de la Tierra   96

Sanación para la Madre Tierra

Dispersar conflictos políticos

Erradicar problemas sociales

Preservar los bosques pluviales

Proteger las especies en vías de extinción y otros animales

Preservar los océanos y todos los cuerpos de agua

Liberar almas atrapadas en la Tierra

Asistir almas en transición

Capítulo Doce: Glosario de Términos   **101**

Conclusión   **107**

Agradecimientos   **108**

Acerca de la autora   **109**

Prólogo

Fue en septiembre de 2005 que recibí con los brazos abiertos un acto de fe, se podría decir que "me despedí de mis sentidos", y me alejé del mundo corporativo. Durante muchos años ese ambiente me ofreció innumerables oportunidades para disfrutar de una vida cómoda y viajar por el mundo para seguir mi "mayor vocación" de ser espiritista a tiempo completo, psíquica/astróloga y médium.

Siempre había sido consciente de la importancia de trabajar con el Espíritu para la protección en contra de influencias de fuerzas negativas además de estar dedicada, diligentemente, a mantener un Campo de Energía limpio (Aura) y estar conectada con la energía de nuestra Tierra. No fue hasta el otoño de 2014 que leí el primer libro de Diana Burney, *Spiritual Clearings*, cuya información es absolutamente necesaria, esclarecedora, progresiva y educativa. Unos años más tarde, con su segundo libro, *Spiritual Balancing*, me concienticé de la importancia de la fortificación espiritual para uno mismo como así también para limpiezas y protección de hogares y negocios.

Nosotros, Humanidad, estamos viviendo, innegablemente, tiempos sin precedentes de nuestra Evolución Humana Creativa. A diario, estamos colmados de muchas influencias negativas por la presencia abrumadora de campos electromagnéticos (CEM) y por los electrónicos, sin los que suponemos, no podemos vivir. Además, nos estamos ahogando en una cantidad devastadora de información errática y desinformación a través de varios medios de comunicación, muchos de los cuales se han diseñado para evitar que la Humanidad reconozca las bendiciones de estos tiempos inigualables. Para decirlo de forma sencilla, necesitamos estar conscientes de nuestro mayor Potencial Humano.

Y, para que la Humanidad tenga en claro lo que el Espíritu nos muestra y las Bendiciones que tenemos a mano, debemos estar limpios en nuestro Ser y conectados con las energías de la Tierra, por no hablar de la belleza de disfrutar de un hogar energéticamente equilibrado y pacífico. A través de la información en el primer libro de Diana Burney, *Spiritual Clearings*, de la sabiduría de su segundo libro, *Spiritual Balancing*, se nos ofrece información invaluable, ilustrada con expresiones amorosas y simples para saber cómo podemos facilitar el proceso de infusionar y crear claridad, equilibrio, armonía y paz en nuestras vidas cotidianas. Y ahora, contamos con una trinidad sagrada y completa: *Limpiezas con Arcángeles*.

Diana Burney manifestará que esta información *no es nueva* y que ha estado disponible para la Humanidad desde que el mundo es mundo. Nuestros antepasados entendieron la importancia de trabajar con el Espíritu en forma Humana y cómo la meditación y el rezo, entiendo que son uno, son herramientas necesarias y fundamentales en este viaje Humano. La importancia de autolimpiezas energéticas, como así también estar en contacto con la Naturaleza, han sido parte significativa del mantenimiento espiritual diario de culturas indígenas, como los Indios Nativos Americanos. Los sistemas convencionales de educación no nos han enseñado la importancia de estos elementos y esta información no tradicional ha sido considerada tabú, lo que es otra estrategia de las fuerzas oscuras que mantienen a la Humanidad lejos de la comprensión y la conciencia de todo su potencial.

Desafortunadamente, "Los Líderes" han pretendido ocultar esta información para mantener su *poder y control* sobre las personas. A medida que avanzamos rápidamente hacia la *Nueva Era*, los tiempos de *poder sobre las masas y represión de las mismas* están llegando a su fin. La información en los libros de Diana Burney habla de cómo podemos, durante estos tiempos extraordinarios de la

Evolución Humana Creativa, *estar en el mundo sin ser del mundo* y disfrutar por completo de esta dichosa experiencia.

Para sanar a nuestro mundo, PRIMERO debemos sanarnos a nosotros mismos. Como manifestó *Mahatma Gandhi*, tenemos que ser el cambio que deseamos ver en el Mundo. Y al estar limpios en nuestro ser, conectados con las energías de nuestra Tierra, en paz con nosotros mismos y disfrutando de armonía, equilibrio y abundancia a diario, nosotros, por ósmosis, formamos estas virtudes en nuestro mundo.

El libro, *Limpiezas con Arcángeles*, añade más información a la presentada por Diana Burney en sus dos primeros trabajos sobre cómo purificarnos a nivel personal, además de cómo limpiar energéticamente nuestros hogares y negocios. El libro ofrece la oportunidad de aprender a utilizar las herramientas de radiestesia, además de las técnicas para realizar limpiezas a nuestras amadas mascotas y nuestro valioso planeta.

Desde los comienzos, el Espíritu ha compartido con nosotros su sabiduría antigua y, ahora, Diana Burney se ha permitido, incansablemente y con valentía, ser el conducto para ofrecer este conocimiento a aquellos que eligen recibir estos pensamientos sagrados. No es un accidente que usted tenga en sus manos esta venerada información. Aquí encontrará las herramientas que, potencialmente, le permitirán a usted ser sumamente consciente de las bendiciones más favorables de estos tiempos sin precedentes, además de conocer su mayor potencial a través de estos procesos de limpieza.

Ray Sette, autor de *The Planets Align So Rare: Twelve Dimensions to the Human Potential.*
7 de agosto de 2019 *Lions Gate Portal*

Limpiezas con Arcángeles®
Un manual para liberar energías no deseadas

Introducción

En estos doce años desde que escribí mi primer libro, el mundo se ha vuelto excesivamente complicado, estresante y desconcertante. A medida que viejos paradigmas asoman desde las profundidades de nuestras sociedades, la gente se siente insegura, vulnerable y confundida. Me aconsejaron escribir este tercer libro para dar esperanza, auto empoderamiento, una perspectiva diferente y para proveer de herramientas para instilar y mantener armonía y equilibrio. Desde que la humanidad alcanzó su masa crítica en marzo de 2017, debemos ayudar a elevar a la Madre Tierra y a sus habitantes al siguiente nivel hacia la Conciencia de Unidad. Esta elevación es un proceso que puede ser logrado por una persona a la vez.

Debido a la turbulencia de los continuos cambios, muchos tipos de energías acumuladas y atrapadas están siendo liberadas desde la Tierra. Estas turbulencias atmosféricas están ayudando a la Madre Tierra a limpiar una multitud de energías y formas de pensamiento destructivas que se han anclado en, y dentro de, la tierra por siglos. El resultado de este desastre natural, vaticinado por varias culturas antiguas, permitirá a la Tierra purificarse de las formas de energía densas que se han fijado a Ella desde tiempos inmemoriales.

Una vez que estas energías son liberadas desde los confines de la Tierra, son libres de acoplarse a vibraciones similares densas, algo parecido a la itinerancia de los radicales libres dentro del cuerpo humano. La energía negativa se produce por percepciones y pensamientos negativos. Estas formas tóxicas de pensamiento pueden aferrarse a nosotros cuando estamos con gente excepcionalmente negativa o si hemos pasado por un acontecimiento traumático. Esta energía pesada tóxica puede afectar nuestras vidas al crear una barrera alrededor nuestro, haciéndonos resistir a sentimientos de amor y a perder la fe. La Ley de Atracción establece que "los iguales se atraen". Esto significa que lo que usted piense es lo que su campo de energía está emitiendo y, en última instancia, atraerá a su vida.

Las energías negativas, a través de su apego a individuos o cosas, crearán densidad y opresión. Nosotros, como emisarios individuales de Luz, tenemos la responsabilidad de ayudar a la Tierra con la purgación de la negatividad. La sanación de este hermoso planeta comienza con cada uno de nosotros, una persona a la vez.

La información en este libro no es nueva. En su lugar, contiene sabiduría antigua de varias fuentes y maestros espirituales que me ayudaron en mi camino espiritual por más de tres décadas. Dado que Dios posee muchos nombres en diferentes religiones y culturas, elegí reemplazar la palabra "Dios" por una descripción universal como "Fuente de Todo lo Existente". Sinteticé esa frase con una sola palabra: "Fuente". Los lectores pueden ingresar el nombre Divino con el que se sientan cómodos.

Este libro contiene pasos que lo ayudarán a revisar, reevaluar o reajustar sus creencias, valores y actitudes. Solo leer los pasos es insuficiente para fomentar cambios. Se requiere una aplicación consistente y diaria de estas técnicas y oraciones. Elija algunas para comenzar y terminar su día. Luego, elija otras para intercalarlas dentro de su rutina diaria. Le enseñamos a la gente cómo tratarnos, así que sea amable con los demás. Piense antes de hablar, evitando juzgar. Envíe amor a los demás, ayude a las personas solo porque puede hacerlo, envíe diariamente amor a los animales, los océanos, los bosques y la Madre Naturaleza. Termine su día con gratitud por todo lo que vivió y logró y no por lo que quedó sin terminar. Salude cada nuevo día con alegría para crear algo completamente nuevo.

Cuando las cosas a su alrededor parecen derrumbarse y usted se siente sin fuerzas, ese es el momento para recurrir a su espiritualidad. La concentración interna se puede lograr a través de oración, meditación, música espiritual, anotaciones personales, autoestima, lectura inspiradora, conectándose con ángeles y guías de vibración máxima y realizando una Limpieza con Arcángeles.

Intente, cada día, hacer algo por alguien sin que se lo pida. Vea la gloria en los colores y el mundo que lo rodea. Elija estar en la Naturaleza con frecuencia. Sea consciente mientras come y evite comer mientras ve violencia o escucha noticias. Pase, al menos, entre 10 y 15 minutos al día en silencio y sea agradecido por lo que tiene. Recuerde que usted es un Ser espiritual que tiene una experiencia humana. Lea algo inspirador para comenzar y terminar su día. Cuide su cuerpo ya que es el único lugar donde puede vivir. Ofrezco este libro con ánimo de compartir.

Capítulo Uno
¿Qué es la limpieza a distancia?

Dado que todas las Limpiezas con Arcángeles son solo realizadas a distancia, quisiera definir cómo funcionan. Así como las bacterias, que no pueden ser distinguidas físicamente sin tecnología, del mismo modo el mundo de energía existe. Una limpieza a distancia es similar a una sanación a distancia. A esta última también se la denomina sanación ausente, a larga distancia o distante. Todas estas modalidades consisten en enviar energía de sanación, a través de la intención, a alguien que no esté presente físicamente. Asimismo, se puede enviar, por medio de la intención, energía psíquica positiva sin que el individuo lo sepa. Estos métodos se implementan a través de la visualización y concentración mientras se está en un estado meditativo, como es la Técnica de Limpieza con Arcángeles. Una limpieza a distancia funciona de la misma manera que el método de oración científicamente probado. Las limpiezas a distancia son también efectivas con animales, lugares y con la Tierra.

La razón por la cual este proceso puede ser <u>únicamente</u> realizado de forma remota es porque las Limpiezas con Arcángeles suceden en los campos más altos y no en un nivel tridimensional. Como regla espiritual general, nadie puede recibir una Limpieza con Arcángeles o sanación ausente de Arcángeles sin estar previamente de acuerdo. Debido a que todos los que habitamos este planeta tenemos libre albedrío, una persona no puede hacer a otro individuo mejor sin la voluntad del individuo. Con frecuencia, parte de ese individuo se sentirá enojado si sucede sin su consentimiento. Si nos comunicamos con la persona con la que queremos trabajar y ésta acuerda verbalmente o requiere la Limpieza con Arcángeles, es ahí cuando se puede proseguir.

Los Arcángeles, por mucho tiempo, han ofrecido ayudar a la humanidad a remover las capas invisibles de negatividad que se han acumulado en el plano terrenal desde varias fuentes, incluyendo guerras y cataclismos. Trabajar conjuntamente con los Arcángeles y los Seres Ascendidos es central para las Limpiezas con Arcángeles. Se le proporciona al moderador información en la sesión que, de otra manera, no podría ser obtenida y el receptor es sanado a un nivel más allá del campo físico.

Las Limpiezas con Arcángeles se logran desde los niveles espirituales del cuerpo y luego son llevados a la conciencia a través de los chakras de garganta, cejas, coronilla y corazón. La garganta es el centro de energía del primer nivel áurico espiritual. Debido a que el chakra es el centro de la empatía, telepatía y comunicación, todos los pasos en la Técnica de Limpieza con Arcángeles siempre se expresan verbalmente.

Los Arcángeles y otros miembros del Equipo de Limpieza Espiritual llegan a nosotros desde un lugar de amor puro y ofrecen su ayuda en esa Luz. El tiempo es inexistente en el cuerpo incorpóreo y puede ser utilizado, con gran ventaja, en la Técnica de Limpieza con Arcángeles. Lo que puede parecer imposible a nivel terrenal puede suceder fácilmente en una sesión remota y la sanación puede cambiar el cuerpo físico de la persona, animal o, incluso, del planeta.

Pedir permiso para realizar una Limpieza con Arcángeles es crucial en este proceso, aun cuando se ha obtenido consentimiento a nivel físico. Recibir este permiso del Ser Superior de infantes, mascotas y otras personas, que no pueden expresarse, es tan esencial como obtener permiso de adultos conscientes.

En este tiempo de intensos cambios en la Tierra, las personas, los animales y el planeta necesitan sanación a un grado diferente. Las limpiezas con Arcángeles son una manera de hacer esto y a muchos se les requiere aprender y practicar estas enseñanzas ahora. Puesto a que usted está leyendo este libro, ya ha respondido este llamado.

Capítulo Dos
Limpiezas con Arcángeles

Los pasos para el auto empoderamiento espiritual son muchos y afectan cada aspecto de su vida en el plano físico e influencian su acceso al campo espiritual. Un paso esencial para el crecimiento espiritual es desarrollar la habilidad de remover obstáculos a lo largo de su vida. Estos obstáculos pueden ser problemas, creencias limitantes, miedos y resistencia. Al mismo tiempo, sus obstáculos pueden estar dirigidos hacia usted por esas energías que no son de Luz, cuya intención es impedir cualquier lógica y progreso que usted pueda desarrollar a través de sus prácticas espirituales. A menudo, la gente envía energía negativa a otros, pero no lo hacen intencionalmente. Muchas otras personas sí lo hacen adrede. De cualquier forma, las energías pueden obstruir sus campos áuricos y crear molestias y bloqueos en su vida cotidiana.

Aunque este libro no tenga el propósito de discutir cómo remover todas las interferencias autoimpuestas, compartiré algunos ejercicios y técnicas que pueden ayudarlo con estos esfuerzos. He empleado estas técnicas conmigo misma y con otros, así que conozco sus beneficios de primera mano. Mi enfoque primario es transmitirle a usted un proceso que se ha convertido en mi trabajo de vida. Este proceso se ha desarrollado a través de dedicación, fuerza de voluntad, perseverancia, fe, confianza y el fuerte deseo de servir a Dios, ayudar a la humanidad y sanar la Tierra.

Ahora, después de 28 años de realizar Limpiezas Espirituales en todo el mundo, estoy compartiendo el proceso de Limpiezas con Arcángeles® (que registré) para permitirle a otros realizar Limpiezas Espirituales para sus familiares y otras personas. Las técnicas procedimentales propiamente dichas son exhaustivas y se comparten mejor con quienes están motivados a servir al planeta durante su permanencia en la Tierra. Por ahora, la siguiente versión simplificada y resumida le permitirá a usted crear un vórtice de energía divina. Este proceso apresurará su crecimiento espiritual, le permitirá despertar sus dones espirituales, aumentará su índice vibratorio y dará protección espiritual a su familia y amigos.

Esta Técnica de Limpieza con Arcángeles (TLA) es un procedimiento específico para remover la negatividad con la ayuda de los siete Arcángeles: Miguel, Rafael, Uriel, Gabriel, Jofiel, Zadquiel y Chamuel y otros seres espirituales sumamente evolucionados de los campos superiores de la existencia. Con esta guía divina, se crea un vórtice fuerte de energía por medio de rezos, mantras y decretos.

A través de los años, he descubierto que existen muchos niveles de energía negativa en los planes astrales inferiores y superiores. Cada una de estas categorías de energía debe ser removida, por separado, utilizando el método único y la asistencia espiritual para ese nivel particular. A cada persona y propiedad que recibe una Limpieza con Arcángeles se la ayuda al máximo con el permiso del Universo para evitar la alteración kármica.

Se desarrolla una combinación de beneficios a corto y largo plazo, como resultado directo de la implementación de una Limpieza con Arcángeles. El proceso se realiza <u>solamente de forma remota</u> y remueve las energías discordantes de una persona o ambiente a través de un proceso de concentración e intención, con apoyo espiritual.

Normalmente, hay un cambio positivo notable en la persona, animal o ambiente dentro de las 72 horas después de que se realiza la Limpieza. Sin embargo, este proceso de Limpieza con Arcángeles no es una panacea y se debe proveer un "mantenimiento" diario después de que se completa la misma. Se deben establecer y reafirmar los límites personales de aquellos que las realizan. Se debe fortalecer el aura y los sistemas de creencias; hábitos y pensamientos deben ser evaluados y, a menudo, modificados.

Después de una Limpieza con Arcángeles, los individuos pasan por un período de recuperación de varios meses. Durante ese tiempo, el cuerpo se rejuvenece espiritualmente, ajustándose a un nivel de energía superior y estableciendo un nuevo patrón saludable. Este período de recuperación es similar a programar una computadora y se lo ayuda por medio de rezos, meditación, lenguaje consciente, afirmaciones y prácticas espirituales diarias.

El éxito de una Limpieza con Arcángeles depende de la voluntad de la persona a cambiar sus pensamientos, acciones y hábitos para que el cambio sea permanente. Si la persona vuelve a viejas formas destructivas, energías más negativas regresarán. Sin embargo, cuando un individuo se compromete a cambiar, se despierta el camino de la elección a través del libre albedrío y el camino espiritual propio.

Situaciones que pueden requerir una Limpieza personal con Arcángeles

EXPERIENCIAS DE VIDA
- Antecedentes de enfermedades graves, hospitalización o cirugía
- Lesiones en la infancia o nacimiento difícil
- Adicción al alcohol, drogas, sexo, estrés o ansiedad
- Circuncisión, aborto o trasplante de órganos
- Consumición de grandes cantidades de medicamentos
- Testigo de una tragedia o situación abusiva
- Víctima de un accidente automotor
- Víctima de abuso sexual, mental o físico
- Antecedentes de lesión en cabeza, pérdida de consciencia o experiencia cercana a la muerte

CONDUCTUALES
- Sentirse "atrapado" en su vida
- Creatividad o sexualidad bloqueada
- Fatiga, agotamiento o estrés crónico
- Cambios de humor frecuentes

- Distracciones mentales constantes
- Ataque repentino de furia al volante
- Dolor profundo o depresión
- Deseo de autoinfligirse o pensamientos suicidas
- Pensamiento negativo crónico

EXPERIENCIAS PSIQUICAS
- Personas con ataques psíquicos
- Personas que frecuentemente trabajan en los campos energéticos de otros
- Alteraciones del sueño, temor nocturno o sonambulismo
- Experimentación con fenómenos ocultos
- Sueños molestos recurrentes
- Dificultad en distanciarse de una relación
- Sentimientos de ira, miedo o inercia de larga duración
- Falta de disciplina con un régimen espiritual
- Antecedentes de enfermedades psiquiátricas con hospitalización
- Gente que se encuentra "atascada" espiritualmente

Vulnerabilidades a interferencias externas

Las siguientes situaciones crean debilidades áuricas que pueden magnetizar energías negativas.[1]

1. **Físicas**

Drogas o medicamentos recetados	Trasplantes
Alcohol	Agotamiento o estrés crónico
Accidente(s)	Nacimiento difícil
Lesión	Pérdida de consciencia
Aborto(s)	Acto(s) sexual(es)
Enfermedad grave	Visitas al hospital o cementerio

2. **Emocionales**

Muerte de un ser querido	Tratamientos de shock
Relación abusiva	Situación traumática en el pasado
Dolor profundo	Antecedentes de enfermedad psiquiátrica
Depresión	Soledad
Pensamientos suicidas	Desafío o reto
Ansiedad de larga duración	Miedo
Traición	Emociones reprimidas

3. **Mentales**

Pérdida de control	Pérdida de propósito
Pérdida de dinero	Pérdida de sueño
Pérdida de negocios	Pérdida de motivación
Pérdida de carrera profesional	Pérdida de humor
Pérdida de hogar	Pérdida de la creencia en uno mismo

4. **Espirituales**

Viaje astral	Falta de protección
Canalización	Inercia espiritual
Confusión espiritual	Ataque psíquico
Pedido de ayuda	Recuerdos de vidas pasadas
Sueños molestos	Sesiones espiritistas
Falta de discernimiento	Conciencia de vida paralela
Viaje Inter dimensional	Experimentación con fenómenos psíquicos
Experiencia cercana a la muerte	

5. **Sensoriales**

    Ruidos molestos   Testigo de violencia

    Palabras perturbadoras   Imágenes terribles

    Conversaciones irritantes   Películas perturbadoras

    Llamadas telefónicas hostigadoras   Recuerdos inquietantes

¿Necesita una Limpieza con Arcángeles?

Complete el siguiente cuestionario para determinar si necesita una Limpieza con Arcángeles. Responda a estas preguntas desde la perspectiva de su primera infancia hasta el momento actual, para reflejar su experiencia de vida completa. El número de respuestas positivas le darán una idea de la necesidad de hacer una Limpieza con Arcángeles.

SI/NO

_____ ¿Posee un nivel de energía bajo?

_____ ¿Tiene cambios de humor o de carácter?

_____ ¿Tiene una "conversación interna" en su mente?

_____ ¿Alguna vez consumió drogas o alcohol?

_____ ¿Manifiesta conducta impulsiva?

_____ ¿Ha tenido un ataque repentino de ansiedad o depresión sin razón alguna?

_____ ¿Alguna vez recibió un golpe en la cabeza?

_____ ¿Tiene poca concentración?

_____ ¿Alguna vez tuvo algún tipo de accidente?

_____ ¿Alguna vez fue a un cementerio, hospital, hogar de ancianos o funeral?

Puntuación
(Números de respuestas positivas)

7+:	Ha adquirido una cantidad significativa de negatividad y se beneficiaría de una Limpieza con Arcángeles
5:	Posee serios bloqueos. Es altamente recomendable una Limpieza con Arcángeles.
3:	Ha acumulado energía negativa. Una Limpieza con Arcángeles se la quitaría.
Below 3:	¡Felicitaciones! ¡Usted es una rareza!

Explicaciones de la Técnica de Limpieza con Arcángeles®

La Técnica de Limpieza con Arcángeles es un método sistemático para remover varios tipos de energía negativa que usted pudo haber acumulado a lo largo de su vida. He registrado el nombre de este proceso a distancia en la Oficina de Patentes y Marcas Registradas de los Estados Unidos de Norteamérica. Para que este proceso sea efectivo, debe ser seguido exactamente como se presenta en este libro. Cualquier método simplificado o eliminación de pasos puede resultar en un proceso incompleto o ineficaz.

En mi primer libro *Spiritual Clearings: Sacred Practices to Release Negative Energy and Harmonize Your Life*, el foco es el empoderamiento espiritual para que un individuo pueda realizar autolimpiezas espirituales con el proceso. No contiene información con respecto al procedimiento que se debe utilizar para una Limpieza remota de otro individuo, ya que es más complicado. <u>Es esencial saber que todos los tipos de Limpiezas con Arcángeles se realizan de manera remota</u>. Para continuar, se deben obtener permisos del Ser Superior de una persona **y** del Universo. De esta manera, la persona que realiza las Limpiezas con Arcángeles no absorberá el karma de otra ni impedirá que la persona aprenda lecciones valiosas que haya acordado durante esta encarnación o de contratos espirituales.

Es de suma importancia que una persona realice una autolimpieza **antes** de hacer una limpieza para otro individuo. Cada Limpieza con Arcángeles es similar a remover una capa de cebolla, así que se recomienda realizar Limpiezas con Arcángeles con frecuencia. Los pasos para una Autolimpieza figuran como primer procedimiento.

Para comenzar el proceso de Limpieza con Arcángeles, es esencial que cree un lugar tranquilo y sagrado por medio de lo que tenga disponible. Es importante que tenga una vela blanca para usar durante el proceso; una vela votiva será adecuada. Luego, asegúrese que no sufrirá interrupciones telefónicas, de niños, mascotas o ruidos molestos.

La limpieza con Arcángeles comienza centrándose en uno mismo y pidiendo guía y protección espiritual durante el proceso ya que éste lleva aproximadamente una hora. El próximo paso es aumentar el ritmo vibratorio. El aumento de las vibraciones se logra por medio de rezos específicos y cantos repetitivos publicados en este libro y le permitirán a usted conectarse más fácilmente con las energías elevadas de los Seres de Luz del Equipo de Limpieza Espiritual.

Después de que sus vibraciones aumenten, es hora de convocar a los Seres Avanzados específicos que son asignados por la Fuente para asistir con estas Limpiezas con Arcángeles, únicas en el plano terrestre. El hecho de sustituir cualquiera de estos Seres de Luz extremadamente evolucionados cambiaría la sinergia espiritual del proceso. Omitir cualquiera de estos Seres sería perjudicial para la fuerza del grupo espiritual colectivo. Sin embargo, si usted se siente fuertemente ligado a un Maestro Ascendido o a rezos específicos, comuníquese y agréguelos después de los que ya fueron incluidos.

Con su intención, véase, siéntase o imagínese entrando a la sagrada y protectora Cámara del Consejo Divino de Universos. Esta Cámara es un espacio interno espiritual protegido, que ha sido provisto para este trabajo. Recibí su existencia en mi meditación. Usted utilice todos sus sentidos para que lo ayuden a ubicarse mentalmente en este espacio protector. Si no tiene una "visión interior", no se preocupe. Solo utilice su intención o imaginación para entrar a la cámara sagrada. Luego, convoque a la protección de las fuentes que usted tenga disponible. Cuando se encuentre en la Cámara sagrada, obtendrá los dos permisos necesarios que le permitirán realizar la Técnica de

Limpieza con Arcángeles. <u>Las Limpiezas con Arcángeles realizadas a otras personas deben ser hechas con amor incondicional hacia la otra persona, con el deseo de una mejor comunicación e interacción entre las dos personas y un pedido al Ser Superior para que el trabajo sea por el bien supremo de todos los interesados. La interferencia por razones egoístas, o manipuladoras, o la posibilidad de un beneficio personal crea una carga kármica indeseable.</u>[2]

Con el uso de un péndulo, puede descubrir qué energías específicas están interfiriendo con el libre albedrío de la persona que recibe la Limpieza con Arcángeles. Eso se puede lograr leyendo la lista de Categorías mientras utiliza el péndulo. Se provee una lista de verificación para su conveniencia. Recomiendo que realice varias copias de la misma antes de comenzar. A medida que cada categoría sea confirmada con su péndulo, pida que cada uno de los miembros reunidos del Equipo de Limpieza con Arcángeles la lleve a la Luz.

Sin embargo, si utilizar un péndulo o cualquiera de los métodos de radiestesia analizados en el Capítulo Seis (Opciones de radiestesia) es muy confuso o estresante, solo lea en voz alta cada categoría de la lista y ordene que sea removida. El equipo de Limpieza con Arcángeles ha estado conmigo quitando estas categorías negativas por más de 28 años y conoce todo el proceso. Por consiguiente, no hay posibilidad de que usted pueda utilizar esta Técnica de Limpieza con Arcángeles de manera incorrecta, si sigue los pasos precisos y lee, en voz alta, todo lo que está escrito en negrita. Después de que libere cada tipo de energía negativa, tómese unos segundos para reflexionar o notar cualquier cambio o visualización que podría acompañar cada liberación.

Mientras usted continúa con la lista de categorías, verá que el último listado es una variedad de emociones. A medida que usted desarrolle su intuición y dones psíquicos, tal vez note que puede saber dónde un sentimiento está guardado. De acuerdo a mi experiencia, cada una de las emociones en la lista tiene una vibración de color que la representa. Utilice el poder de su imaginación para visualizar cada uno de estos colores ya que son liberados de los chakras y del aura.

No es de público conocimiento, pero en la base de nuestro cráneo hay una puerta psíquica. Lo ideal sería que estuviera cerrada en todo momento. Cada uno de nosotros tenemos un guardián asignado para mantener esta puerta psíquica cerrada. Desafortunadamente, se puede abrir si hay un accidente, una cirugía, un golpe en la cabeza, uso de drogas o alcohol o un shock psicológico.[3] Por favor revise las listas previas en *Vulnerabilidades a interferencias externas* para otras posibilidades. Las personas psíquicas no deben preocuparse con respecto a si sus habilidades intuitivas estarán disminuidas por este proceso, ya que nuestra fuente más alta de información intuitiva proviene de los chakras de la coronilla y del corazón.

Cuando ocurre alguna de estas circunstancias, el guardián puede ya no ser adecuado y hasta podría desaparecer. Entonces, esta apertura psíquica se convierte en una puerta giratoria para las energías que entran y salen. Este espacio puede crear cambios de humor, confusión, ira extrema repentina, depresión profunda o varios otros síntomas. No es inusual que la puerta psíquica se abra durante el nacimiento, ya que ese es nuestro primer trauma. También puede abrirse cuando nos caemos de un columpio o bicicleta en la infancia. En consecuencia, es esencial limpiar la suciedad psíquica en esta área, obtener un nuevo guardián y, luego, mantener la puerta psíquica cerrada.[4]

En este momento, la parte sanadora del proceso de Limpieza con Arcángeles sucederá. Siga los pasos restantes estableciendo su intención en voz alta para liberar ataduras y cualquier cosa que no se haya perdonado; renuncie a juramentos de vida pasados y desbloquee líneas de cash flow. Es esencial que haga todos estos pasos cada vez que realice una Autolimpieza, ya que ha acumulado estas energías a través de muchas vidas. Después de que hayan ocurrido todas las liberaciones, es necesario dirigirse al ego. A menudo, el ego se siente amenazado cuando usted se embarca en un viaje espiritual y necesita la confirmación de que no será abandonado. Al calmar el ego y apartarlo, su percepción de la realidad puede cambiar de forma significativa. Debido a que lo ha ayudado a usted a sobrevivir todos estos años, el ego aprecia este reconocimiento que es leído en el texto.

Después de que todas las fases de la sanación hayan sido tratadas, es hora de colocar los campos de fuerzas protectores alrededor de todos los que estén experimentando una Limpieza con Arcángeles. Lea <u>cada orden de protección en voz alta</u>, utilizando imágenes o su imaginación para fortalecer la intención cuando sea posible.

Luego de que la Limpieza haya sido realizada, por favor observe que el campo de fuerza protector debe ser intencionalmente colocado, a diario, alrededor de cada persona que recibió una Limpieza con Arcángeles, para mantener el nuevo espacio energético. Si la persona que está experimentando la Limpieza con Arcángeles no es consciente de lo que ha pasado, entonces es responsabilidad suya proveerle esta protección diaria.

Es imprescindible que esta protección sea parte de su higiene espiritual diaria y será necesario que implemente la práctica de esta protección espiritual, al menos, dos veces al día. Diga la oración protectora antes de ir a dormir por la noche y, de nuevo, cuando comienza su día.

Si usted se siente con alguna energía discordante durante el día, llame mentalmente a la protección. Piense que tres Burbujas de Protección concéntricas lo rodean. La primera es Azul y representa el Poder Divino. La siguiente capa es Dorada y representa la Sabiduría Divina. La burbuja exterior es Rosa y representa el Amor Divino. Tal vez desee también colocar estas esferas protectoras alrededor de cada uno de sus familiares, hogar y mascotas a diario. Una vez más, utilice su intención o imaginación para visualizar este campo protector de fuerza energética o decir la siguiente oración: *"Querida Fuente de Todo lo Existente; por favor coloca la burbuja azul del Poder Divino, la burbuja dorada de la Sabiduría Divina y la burbuja rosa del Amor Divino alrededor mío (o de otra persona). Gracias".*

Ahora que la Técnica de Limpieza con Arcángeles ha sido completada, es esencial agradecer a todos los Arcángeles Y a los Seres Sumamente Evolucionados que han ayudado con estas liberaciones. Agradézcale a cada uno en forma individual después de la Limpieza. Luego, extienda las manos con las palmas hacia abajo para permitirle a la Madre Tierra usar cualquier exceso de energía para la estabilidad del planeta. Con frecuencia, usted experimentará la sensación de un halón magnético en las palmas de las manos mientras la energía es absorbida por la Tierra.

Por último, desconéctese de los Seres de Luz que lo ayudaron, soltando un "OM" mientras libera cualquier adhesión a los resultados de lo ocurrido.

Capítulo Tres
Limpiezas Personales con Arcángeles

La Técnica de Limpieza con Arcángeles (TLA) está diseñada para remover energías negativas que influencian a un individuo, una propiedad, un negocio o un animal. Esta Técnica de Limpieza con Arcángeles está dividida en dos áreas: personal y de propiedad. Cada proceso tiene su manual. Para ambas Limpiezas se necesitarán un péndulo y una vela blanca.

Limpiezas personales

Las energías negativas impactan en la vida cotidiana y en la calidad de vida. Las Limpiezas Personales con la TLA consisten en 20 pasos y, en general, llevan una hora o más para ser completadas.

ES IMPORTANTE QUE USTED <u>SIEMPRE</u> SE REALICE UNA LIMPIEZA ANTES DE REALIZAR UNA LIMPIEZA A OTROS O A CUALQUIER PROPIEDAD.

Existe una Ley Universal con el Espíritu, que establece que no se puede sanar una herida en otra persona si no se la ha curado en uno mismo. El Espíritu ha aconsejado que antes de que usted comience a Limpiar o a tratar a una persona con este proceso, se realice una Autolimpieza con Arcángeles, para remover cualquier campo energético que pueda crearle desalineaciones cuando le realiza una Limpieza con Arcángeles a otros.

Las Limpiezas realizadas a otras personas deben ser hechas con amor incondicional hacia la otra persona, con el deseo de una mejor comunicación e interacción entre las dos personas y un pedido al Ser Superior para que el trabajo sea por el bien supremo de todos los interesados. La interferencia por razones egoístas o manipuladoras o la posibilidad de un beneficio personal crea una carga kármica indeseable.[5]

Recuerde, siempre debe obtener permiso del Ser Superior de la otra persona.

Técnica de Limpieza Personal con Arcángeles

Paso 1: Crear un espacio sagrado

Encienda una vela blanca (o un cirio). Siga todos estos pasos tal como están escritos; no existe un método simplificado.

Paso 2: Centrar y practicar grounding (conexión con la tierra)

Diga en voz alta:

Oración de sanación

Querida Fuerza:

Te pido que me limpies y purifiques con la Luz Blanca, la Luz de Sanación Verde y la Luz de Transmutación Violeta.

Por mi bien supremo, te pido que todas mis vibraciones discordantes sean removidas de esta habitación y de este hogar, sean encerradas dentro de su Luz y regresadas a la Fuente para su purificación, para que nunca jamás se restablezcan dentro de mí o de cualquier otra persona.

Pido ser utilizado como un canal para la sanación de _____ (su nombre o el de otra persona).

Pido esto para _____ (mi, su) bien su-

premo, dentro de _____ (mi, su) **propia voluntad y de la Voluntad Divina.**

Pido que esta habitación sea rodeada por la Luz Blanca y que _____ (yo u otra persona) **sea rodeado** por la Luz Blanca y el triple escudo de protección Universal.

En este momento, acepto que esas fuerzas de sanación trabajen a través de mí y dentro mío, permitiendo solo lo que sirva a la Fuente.[6]

Doy gracias por todas mis bendiciones y por, sobre todo, el privilegio de servir a otros.

Amén

Diga en voz alta

Convoco a mi Alma y pido ser rodeado por la esfera dorada de la energía del alma. Ahora uno mi Alma con líneas de láser de Luz a:

Mi Ser Superior

Mi Presencia YO SOY

Mis Guías y Maestros de 100 % Luz Pura

Todos los Ángeles de Sanación con 100 % de Luz Pura

Todos los Trabajadores de Luz que asisten de forma activa a la sanación de la Madre Tierra

Ahora pido ser rodeado con la energía, vibración y color del **Poder Divino** (azul), **la Sabiduría Divina** (dorada) **y el Amor Divino** (rosa)**.**

<u>Paso 3</u>: Establecer protección

Diga en voz alta:

<u>Oración de protección</u>

Querida Fuente: Te pido tu protección Divina para mí. Te pido ser puesto en el ánfora de la Luz dorada de tu Gracia y

Limpiezas con Arcángeles

que se llene con la Luz Blanca brillante. Pido que esta vivienda sea rodeada por el domo dorado de tu Gracia, conectando con el Escudo Dorado debajo de los cimientos y que ésta se llene de Luz Blanca brillante.

Diga en voz alta:

Oración de preparación

Vengo con amor y luz a mi Ser Superior y Ángel Guardián de _____ y pido su guía durante este proceso de Limpieza con Arcángeles. Pido que solo la Verdad se manifieste. Le doy permiso a mi Ser Superior para que acceda a información de donde sea. Pido que todas las vibraciones y líneas de comunicación ahora se oculten.

Diga en voz alta:

Protección con péndulo (si se usa un péndulo)

Me alineo con mi Presencia YO SOY

Conecto mi Presencia YO SOY a la FUENTE con líneas de Luz

Ponga sus manos en posición de rezo por encima de la cabeza, con el péndulo entre las manos y diga en voz alta:

Coloco este péndulo en un tubo sellado de Luz Blanca brillante, rodeado de la Llama Violeta de Transmutación.

Cargo este péndulo con el poder de la FUENTE para que me muestre la Verdad por el bien mayor y supremo de todos los involucrados.

Gracias. Gracias. Gracias.

Ahora visualícese, alineándose verticalmente con la FUENTE. Rodéese de Luz Blanca Brillante y de Amor, diciendo en voz alta:

Evoco la Luz de la FUENTE interior. Soy un canal perfecto y claro para la Mente Universal de la FUENTE. La Luz es mi guía.

La Luz de la FUENTE me rodea.

El Amor de la FUENTE me envuelve.

El Poder de la FUENTE me protege.

La Presencia de la FUENTE me cuida.

Dondequiera que ESTOY, La FUENTE está

Y todo está en orden Divino.[7]

Diga en voz alta:

Oración de guía

Querida Fuente: Por favor provéeme de sabiduría, claridad, protección y guía para realizar esta Limpieza con Arcángeles hoy.

Paso 4: Pedir permiso

Ahora, usted está listo para sintonizar la energía de la persona para quien desee realizar la Limpieza con Arcángeles. Al usar su péndulo, pida permiso:

Diga el nombre y la dirección de la persona. Limpie su mente lo más que pueda y luego cree una imagen mental de la persona. Piense en la persona hasta que sienta una conexión energética o concéntrese en una imagen o visualización de ella. No importa si usted sabe cómo es esa persona físicamente o no, siempre y cuando se concentre en su nombre y dirección. Su Ser Superior sabe en quién se está enfocando así que pida a su Ser Superior que lo sintonice con la persona que necesita ser liberada y pida permiso para hacer el trabajo. También, puede sintonizarse con la energía de otra persona al hacer lo siguiente.

Diga en voz alta (con una mano o un cristal sobre su corazón):

Quiero ayudarte a remover toda negatividad que esté afectando tu libre albedrío. ¿Puedo obtener el permiso para asistir a los Ángeles a liberar esta energía negativa?

_____Sí   _____No

Si usted obtiene un "no" como respuesta, no podrá seguir con la Técnica de Limpieza con Arcángeles. Sin embargo, puede pedir permiso solo para cerrar la puerta psíquica del individuo. Después de eso, cierre la sesión.

Paso 5: Aumentar vibraciones

*Repita **tres veces** en voz alta:*

Padrenuestro

Padre nuestro que estás en el cielo, santificado sea tu Nombre;

venga a nosotros tu reino; hágase tu voluntad en la Tierra como en el cielo;

danos hoy nuestro pan de cada día;

perdona nuestras ofensas como también perdonamos a los que nos ofenden;

no nos dejes caer en la tentación y líbranos del mal.

Porque tuyo es el reino, el poder y la gloria por siempre Señor.

Amén.[8]

Diga en voz alta con una sola exhalación:

*¡**Luz, Luz, Luz!** (Repita **3 veces**)*

*Repita **seis veces** en voz alta:* **Kodoish, Kodoish, Kodoish, Adonai 'Tsebayoth**

> (Esto significa: Santo, Santo, Santo, el Señor hospeda)⁹

*Repita **9 veces** en voz alta:* **SOY lo que SOY**

> (Esto une al individuo con la mente de la Fuente)¹⁰

*Repita **9 veces** en voz alta:* **Om**

> (Este es el sonido de todos los sonidos juntos)¹¹

*Repita **9 veces** en voz alta:* **Om Mani Padme Hum**

> (Esto significa que la joya de la conciencia es el loto del corazón)¹²

Paso 6: Invocar al Equipo de Limpieza Espiritual

Diga lo siguiente en voz alta:

A través de mi divinidad de Luz, ahora convoco a:

> **Mis Guías y Maestros de 100 % Luz Pura**
> **Mi Presencia YO SOY**
> **Señor Sananda**
> **Madre María**
> **Kwan Yin**
> **Amadas Legiones de Luz**
> **Maestro Saint Germain**
> **La Gran Hermandad Blanca**
> **Arcángel Miguel y todas sus legiones frente a mí**
> **Arcángel Rafael y todas sus legiones a mi derecha**
> **Arcángel Uriel y todas sus legiones detrás de mí**
> **Arcángel Gabriel y todas sus legiones a mi izquierda**

Arcángel Jofiel por encima de mí
Arcángel Zadquiel debajo de mí
Arcángel Chamuel en mi corazón
Ángeles de la llama Violeta
Deva de sanación

Paso 7: Entrar a la Cámara sagrada

Con gran veneración, imagine entrar a La Cámara del Divino Consejo de Universos.

Diga en voz alta:

Por favor formen un círculo alrededor de mí, mi hogar y mi carro e impregnen este círculo de Amor Incondicional. Pido que mis vibraciones sean elevadas para que me permitan alcanzar la sabiduría necesaria y realizar esta Limpieza con Arcángeles.

Paso 8: Pedir Permiso Universal

Pida permiso, utilizando su péndulo.

Diga en voz alta:

¿Tengo permiso para realizar esta Limpieza?
____Sí   ____No

Si usted recibe un "no" como respuesta, pregunte si esto es verdad. Si el "no" se valida, pregunte si la puerta psíquica puede ser cerrada en este momento. (vea el paso 11 para las instrucciones en "Cerrar la Puerta Psíquica"). Luego, pida al Universo que quite cualquier negatividad que pueda ser removida, que sane lo que pueda ser sanado para el bien supremo del individuo y que le dé a su Alma lo que necesite en este momento.

Si recibe un "sí" como respuesta, utilizando su péndulo, haga la siguiente pregunta.

Diga en voz alta:

¿Tengo los recursos necesarios para la asistencia?
____Sí   ____No

Si usted recibe un "no" como respuesta, por favor pida a Seres de Luz adicionales que se presenten. Haga la siguiente pregunta, utilizando su péndulo:

¿Estoy protegido? ____Sí   ____No

Si usted recibe un "no" como respuesta, por favor pida que sus vibraciones aumenten y que otra capa de protección sea colocada alrededor suyo.

Diga en voz alta:

Por favor eleven mis vibraciones lo suficiente para que pueda alcanzar la sabiduría y claridad necesaria para realizar esta Limpieza. Por favor colóquenme en el Escudo Triple de la protección Universal, rodeado de Fuego Violeta.

Paso 9: Remover categorías

<u>A tener en cuenta</u>: Las definiciones para cada categoría están registradas en el glosario de este libro.

Llame a la persona que está recibiendo la Limpieza a la Cámara del Consejo Divino de Universos. Pida que su Ser Superior y Ángel de la Guarda lo acompañen. Pida que estos Seres expliquen el proceso a la persona que está recibiendo la Limpieza con Arcángeles.

Diga en voz alta:

Pasado, presente, futuro a través de todos los tiempos, todas las esferas, todas las creaciones, todos los universos y todas las dimensiones; reales o imaginados; conocidos y desconocidos, convoco a todas las categorías de energía negativa que están interfiriendo con mi (o de otra persona) **libre albedrío en cualquier dimensión o nivel de existencia.**

Diga, utilizando su péndulo: **¿Tengo yo** (*u otra persona*) **alguna de las siguientes categorías?** (*Lea* **cada** *categoría en voz alta*).

Utilizando su péndulo, nombre cada categoría de la lista y haga un círculo a las que se encuentran presentes. Cuando termine, por separado, libere cada energía encerrada en un círculo.

A tener en cuenta: Por cada categoría encerrada en un círculo, diga en voz alta lo siguiente:

Pido la remoción de _____.

Luego, comience por el principio de la siguiente lista y lea cada categoría mientras practica la radiestesia con su péndulo o utiliza la técnica. Si no practica la radiestesia, lea cada categoría en voz alta y pida que sea removida.

CATEGORIAS DE ENERGIA NEGATIVA

1. Conexión con la Conciencia de Masa
2. Implantes energéticos en chakras o en aura
3. Esclavitud
4. Manipulaciones
5. Programación
6. Cuerdas energéticas
7. Vínculo psíquico
8. Interferencia con patrones de pensamiento
9. Influencias vibracionales
10. Códigos
11. Almas desencarnadas
12. Conflictos internos
13. Miembros de la hermandad oscura
14. Residentes
15. Banda energética
16. Impostores
17. Archidemonios

18 Energías satánicas
19 Maleficio
20 Sombra interior
21 Eclipses
22 Candados
23 Esencias negativas
24 Formas negativas de pensamiento
25 Falsas creencias
26 Interferencia electromagnética
27 Niveles negativos altos
28 Maestros de la oscuridad altamente evolucionados
29 Shocks psíquicos a chakras y aura
30 Ángeles oscuros
31 Influencias astrales
32 Prejuicios
33 Energizante negativo
34 Energías psíquicas asesinas
35 Presencias demoníacas
36 Agujeros o debilidades áuricas
37 Campos de fuerza
38 Interferencias con líneas de cash flow
39 Vampiros psíquicos
40 Vías telepáticas
41 Ataduras a vidas pasadas
42 Membrana áurica
43 Controles de frecuencia
44 Formas de pensamiento auto infligidas
45 Almas fragmentadas
46 Energías encerradas de vida
47 Energías negativas acumuladas
48 Energías negativas anónimas
49 Puerta psíquica abierta
50 Emociones: enfado, dolor, preocupación, miedo, confusión, ansiedad, depresión, culpa, odio, ira, desesperación, vergüenza,

duda, envidia, soledad, desconfianza, suspicacia, codicia, resentimiento, otros

Liberación de emociones atrapadas

Diga lo siguiente en voz alta:

Ordeno la remoción de cada una de las siguientes emociones (enumere los sentimientos encerrados en un círculo) **con gracia y alivio para mi** (o el de otra persona) **Bien supremo.**

Abajo, se incluyen las emociones negativas, junto con los colores de las emociones. Vea, sienta o imagine que cada uno de los correspondientes colores está siendo liberado del cuerpo físico, a medida que los sentimientos también se sueltan. Estas emociones se pueden guardar en cualquier lugar, siendo los siguientes los sitios más comunes para cada una.[13]

Enfado: rojo – hígado – 3er chakra, vejiga
Miedo: azul-gris – riñón, rodillas, 1er chakra, psoas, trapecio
Depresión: negro – corazón, codos, todos los chakras
Ansiedad: naranja rojizo – glándulas suprarrenales, colon, vejiga, 1er chakra
Culpa: azul-gris – piel, plexo solar, corazón
Confusión: amarillo – vesícula
Desconfianza: amarillo anaranjado – diafragma
Soledad: azul-gris – pulmones, 4to chakra
Ira: rojo oscuro – hígado, colon, corazón
Desesperación: amarillo grisáceo – pulmones, hombros, intestino delgado
Duda: celeste-gris – área lumbar
Resentimiento: naranja – vejiga
Dolor: azul-gris – pulmones
Odio: negro – hígado, vesícula
Envidia: amarillo – corazón, chakra del corazón

> Remordimiento: gris oscuro – colon
> Codicia: rojo oscuro – bazo
> Preocupación: azul-gris – páncreas, tobillos
> Vergüenza: naranja – ovarios o testículos
> Falta/ limitación: gris – falta de amor en el corazón; falta de realización, estómago

Diga en voz alta: **Ordeno la remoción de todo lo demás que no fue mencionado pero que necesita ser liberado de mí** (u otra persona) **¡Ahora!**

Paso 10: Revisar liberaciones

Pregunte, utilizando su péndulo:

> **¿Han sido removidas todas las características?**
> ____Sí   ____No

Si no, diga <u>enfáticamente</u>:

> **Ahora transfiero esta situación a las autoridades apropiadas para que la resuelvan, de acuerdo a la jerarquía y leyes del Universo.**

Paso 11: Cerrar la puerta psíquica

Haga la siguiente pregunta (para chequear la puerta psíquica), utilizando su péndulo. **Recuerde cerrar su puerta psíquica antes de cerrar la de otra persona.**

Diga:

> **¿Mi puerta** (o la de otra persona) **está cerrada?** ____Sí   ____No
>
> **¿Hay un guardián?** ____Sí   ____No

Si no hay un guardián, pida a su (o el de otra persona) Ser Superior y Ángel Solar que le otorguen un nuevo guardián.

Diga:

Pido que se remuevan todos los hábitos, patrones y condicionamiento de cualquier ente y que sean removidos de las capas celulares profundas de mi (o de otra persona) **cuerpo y de mi** (o de otra persona) **subconsciente.**

Pido que estas energías sean liberadas y removidas del área de la puerta psíquica ahora.

Pido que mi (o el de otra persona) **aura y sus cuerpos espirituales se limpien ahora.**

Pido que la Luz Dorada de la Fuente llene mi (o la de otra persona) **puerta psíquica y que mi** (o el de otra persona) **puerta psíquica sea completamente cerrada, ahora, con la Luz Blanca brillante y el símbolo del Infinito. (visualice el símbolo del Infinito como el número 8, puesto de lado)**

Verifique, con su péndulo, que un guardián se encuentre en el lugar.

Diga:

Guardián, por favor mantén esta puerta cerrada en todo momento. Gracias por aceptar esta responsabilidad. Que Dios te bendiga.

Paso 12: La sanación del ego

Pregunte, utilizando su péndulo, si su ego (o el de otra persona) necesita ser sanado. Si la respuesta es positiva, diga:

Pido a los Ángeles de Sanación que se presenten y que le den a mi ego (o al de otra persona) **todo lo que necesita para que pueda ser sanado en todos los niveles. Por favor, curen cualquier pecado original, ampollas o manchas de mi alma** (o de otra persona).

Paso 13: Remover cuerdas

Ordeno la remoción de todas/os:

Cuerda(s)
Lazo(s)
Vínculo(s) psíquico(s)
Cariño por _____ (escriba el nombre)
Recuerdos de_____ (escriba el nombre)
Odio y enojo por _____ (escriba el nombre)
Vibraciones
Frecuencias
Vías energéticas

Ordeno que se remueva cualquier conexión que hiciese que estas energías regresen.

Recurro a los Cirujanos Psíquicos para que remuevan cualquier resto o residuo causado por alguna cuerda, lazo o implante y que reparen cualquier daño a mis cuatro cuerpos inferiores (o a los de otra persona) **y a mi aura** (o la de otra persona).

Paso 14: Invocar la Ley del Perdón

Ahora recurro a la ley del Perdón para que borre la causa, el centro, el efecto, el registro y la memoria de toda negatividad de forma completa y permanente; pasado, presente y futuro a través de todos los tiempos; todas las esferas, todas las creaciones, todos los universos y todas las dimensiones; reales o imaginados; conocidos y desconocidos.

Invito a _____:
1. Liberarse de todo juzgamiento a sí mismo.
2. Liberarse de todo juzgamiento a otros.
3. Ahora solicitar la gracia.

Ahora recurro al Maestro Ascendido Saint Germain para dirigir la Llama Violeta de Transmutación hacia cualquier negatividad, transmutándola a la luz pura y el Amor Incondicional.

Paso 15: Renunciar a los votos

Diga en voz alta:

Ahora pido ayuda a la Fuente para convocar cualquier voto o lazo que yo (u otra persona) haya hecho intencionalmente o sin intención, a todos los eclipses, grupos u organizaciones de los que yo (u otra persona) haya sido miembro en alguna vida.

Le pido a la Fuente que me ayude a mí (o a otra persona) a renunciar y revocar todos los votos de:

Fraternidad/hermandad
Alianza
Lealtad
Celibato
Castidad
Matrimonio
Obediencia
Pobreza
Secreto
Venganza
Responsabilidad
Aislamiento
Poder
Silencio
Fidelidad
Sufrimiento
Sumisión
Contratos/pactos/juramentos/ acuerdos

Y todos los otros votos o lazos de cualquier naturaleza o necesidad de votos que no son más para mi Bien mayor y propio. (o el de otra persona).

Paso 16: Desbloquear líneas de cash Flow

Diga en voz alta **(personal):**

Ordeno que se remuevan todos los bloqueos a mis (o las de otras personas) **líneas de cash flow personales y que mis** (o las de otra persona) **líneas se abran completamente ¡AHORA!**

Ordeno que mis (o las de otra persona) **líneas personales de cash flow se inunden ahora de Luz Blanca brillante.**

Pido que mis (o la de otra persona) **líneas personales de cash flow se rodeen con el Triple Escudo de Protección Universal y por la Llama Violeta ¡AHORA!**

Diga en voz alta **(negocios):**

Ordeno que se remuevan todos los bloqueos a las líneas de cash flow de (diga el nombre comercial aquí) **y que las líneas se abran completamente ¡AHORA!**

Ordeno que las líneas de cash flow de (diga el nombre del negocio aquí) **se inunden de Luz Blanca brillante.**

Pido que las líneas de cash flow de (diga el nombre de la compañía aquí) **se rodeen con el Triple Escudo de Protección Universal y por la Llama Violeta. Pido que este negocio atraiga clientes y que sea ahora financieramente exitoso.**

Paso 17: Sanación

Recurro al Fuego Violeta para que brille y transmute cualquier resto o residuo de negatividad. Pido que la Luz Blanca gire alrededor de cualquier área dañada.

Ahora diga en voz alta, concentrándose en la sanación de los chakras:

Pido la activación de cada chakra:

    a. **Una purificación**
    b. **Una limpieza**
    c. **Una sanación**
    d. **Un balance**

Por favor que la Luz blanca gire alrededor del frente y posterior de cada chakra.

Pido que esta Luz Blanca permanezca hasta que soporte la frecuencia más alta posible de Luz para mí (u otra persona).

Pido que se fije el rayo de color correcto para cada chakra:[14]

  Rojo para el chakra raíz
  Naranja para el chakra sacro
  Amarillo para el chakra del plexo solar
  Verde para el chakra del corazón
  Azul para el chakra de garganta
  Índigo para el chakra de las cejas
  Violeta para el chakra de la corona

Pido que cada chakra gire correctamente, se abra y funcione en su máxima potencia.

Diga en voz alta: (sanación adicional):

Recurro al Médico Cósmico:

  Para remover los restos y patrones de mi (o de otra persona) **aura, cuerpos emocionales, mentales y compartimentos de la mente.**

  Para reparar cualquier agujero o debilidad en el aura.

  Para sanar cualquier parte del cuerpo, sistema o condición.

  Para continuar la sanación hasta que se complete.

Recurro a los Seres Angelicales para que me ayuden a mí (o a otra persona) con cualquier sanación que sea apropiada a nivel del Alma.

Recurro al Médico Cósmico para que reestablezca el patrón perfecto de mi (o el de otra persona) cuerpo, mente y espíritu.

Paso 18: Establecer burbujas de protección

Diga en voz alta:

Ordeno que una burbuja se coloque alrededor de mí (o de otra persona) y que la Luz Azul llene esta burbuja por completo, formando una red en el interior. Ordeno que la Luz Dorada corra por la burbuja, continuando la creación de la red y ordeno que, ahora, la Luz Rosa llene por completo este espacio.

Ordeno que toda energía, que no sea por el bien supremo, sea liberada y enviada a la Luz ahora.

Ordeno que solo aquellas energías que son para el Bien supremo existan dentro de esta burbuja de aquí en adelante.

Ordeno que todos los Seres de Luz puedan cambiar estas órdenes para dar lugar a un bien aún mayor.[15]

Paso 19: Expresar gratitud

Diga en voz alta:

En el nombre de la Luz, doy gracias a todos los Seres que me ayudaron con esta Limpieza con Arcángeles en el día de hoy. Digo Gracias y Amén a:

Mis Guías y Maestros de 100 % Luz Pura
Mi Presencia YO SOY
Señor Sananda
Madre María

Kwan Yin
Amadas Legiones de Luz
Maestro Saint Germain
La Gran Hermandad Blanca
Arcángel Miguel y todas sus legiones frente a mí
Arcángel Rafael y todas sus legiones a mi derecha
Arcángel Uriel y todas sus legiones detrás de mí
Arcángel Gabriel y todas sus legiones a mi izquierda
Arcángel Jofiel por encima de mí
Arcángel Zadquiel debajo de mí
Arcángel Chamuel en mi corazón
Ángeles de la llama Violeta
Deva de sanación

<u>**Paso 20**: Cierre</u>

Mientras extiende las manos con las palmas hacia abajo, pida a la Madre Tierra usar cualquier energía extra para la sanación del planeta.

Repita la palabra **OM (3 veces)** a través de su intención para liberar todo lazo o expectativa del resultado de la Limpieza, mientras repite este sonido sagrado.

Salga (usted y los otros) **de la** *Cámara del Consejo Divino de Universos.*

<u>Apague la vela y haga **conexión consigo mismo** con uno de los siguientes ejercicios.</u>

Ejercicios de Grounding (conexión con la tierra)

1. Cielo y Tierra

- Siéntese cómodo en una silla con los pies firmes en el piso.

- Imagine que usted es un árbol poderoso, por ej. un roble antiguo o una secuoya. Visualice sus raíces dividiéndolas en dos secciones principales.
- Envíe estas raíces, a través de sus pies, a la tierra y afírmelos al lecho de roca en el centro de la tierra.
- A medida que inhala, imagine que está extrayendo y se está nutriendo de la energía de la tierra. Otórguele un color, si lo desea.
- Imagine que está llenando su cuerpo físico y cada chakra hasta la parte superior de su cabeza.
- A medida que exhala, permita que esta energía se mezcle con el poder del Universo.
- Ahora imagine una irradiante Luz Blanca por encima de la parte superior de su cabeza.
- Permita que caiga en cascada sobre su cuerpo, como si su cuerpo fuese un recipiente de vidrio.
- Visualice o imagine que esta Luz Blanca se mueve desde sus pies al centro de la tierra.
- Repita este ciclo completo tres o cuatro veces.

2. Cable a Tierra

- Siéntese cómodo en una silla. Asegúrese que sus pies estén bien apoyados en el piso.
- Imagine que tiene un cable atado a cada lado de la cadera y otro atado al coxis.
- Visualice los tres cables que caen, a través del piso, al centro de la tierra.
- Permita que los cables ahora se sujeten firmemente, con grandes ganchos, al lecho de roca de la tierra.
- Ahora imagine que un bosque denso se mueve hacia arriba, a través de estos cables, a sus pies y parte inferior del torso.

- Conserve este "pensamiento de afirmación a la tierra" durante todo el día.

3. Ejercicio de alineación

- Comience en una posición sentada con los pies bien apoyados en el piso y haga tres respiraciones profundas.

- Concentre su atención en el primer chakra en la base de su columna vertebral. Observe que este es el centro de gravedad del cuerpo físico.

- Ahora imagine todos sus chakras alineados en una columna vertical, desde la parte superior de la cabeza hasta la base de la columna vertebral.

- Una vez que los chakras se encuentran en esta posición, imagine que se convierten en un grandísimo centro de Luz, uniéndolos a su Presencia YO SOY.[16]

Sanación acelerada

Inmediatamente después de una Limpieza con Arcángeles, la gente puede experimentar fenómenos diferentes. El más común es una sensación de calma interior y de una carga liberada. Con frecuencia, hay un aumento de vibración y energía en la vida. A menudo, la gente piensa y duerme mejor. Los cambios de humor son también comunes a medida que afloran emociones reprimidas y contenidas. A veces, una persona comienza a llorar de forma incontrolable sin ninguna razón. Otros sufren dolores de cabeza, náuseas, fatiga o síntomas parecidos a la gripe. Estos síntomas físicos duran, por lo general, 48 horas y, luego, se convierten en paz, armonía, libertad y bienestar. Normalmente, los síntomas ocurren dentro de los 3-7 días de la fecha de Limpieza con Arcángeles.

En general, la sanación profunda puede llevar desde varios días a varias semanas o más, para que se integre completamente. Con mayor frecuencia, es seguida de una mayor conciencia espiritual y transformación a niveles psíquicos, emocionales, mentales y espirituales. Debido a la intensidad del proceso de Limpieza con Arcángeles, la sanación es acelerada a nivel celular del cuerpo. Se purifican, sanan y equilibran los chakras y se liberan las emociones negativas del cuerpo y del campo áurico. Puede haber algún tipo de incomodidad durante este tiempo. Lo principal es recordar que estos síntomas son todos signos positivos de que el cuerpo está lo suficientemente saludable para sanarse y reestablecer el equilibrio. A medida que las capas de energía comienzan a transformar y liberar los niveles espirituales mentales, emocionales y físicos, se genera un balance general. Una vez que se le permite a este proceso seguir su curso natural, se recupera salud y una enorme sensación de integridad, fuerza y armonía ocurre. Para facilitar la liberación de emociones atrapadas y paralizadas, por favor utilice la siguiente forma de auto empoderamiento espiritual.

Liberación espiritual

Para facilitar la liberación de emociones atrapadas y paralizadas, por favor utilice la siguiente forma de auto empoderamiento espiritual.

Identifique la emoción dominante que está experimentando. Sea preciso. No utilice términos como "me siento mal". Una vez que se identifique el estado emocional, diga lo siguiente: **"¡No acepto este** (estado de emoción)! **Lo devuelvo al emisor, con mil veces más de amor divino".** Repita esta frase tres veces, con énfasis.

Si la emoción no desaparece después de las tres repeticiones, entonces es probable que su propia emoción esté apareciendo para ser liberada o sanada. Si es así, diga lo siguiente: ***Gracias*** *(mencione el sentimiento)* ***por todas las lecciones que me has enseñado. Conservaré el aprendizaje. Ya no te necesito más. Ahora te libero y te ordeno que te vayas.***

Imagine esta liberación como si fueran nubes negras de humo que salen de la parte superior de su cabeza, a medida que la emoción abandona su cuerpo y su consciencia.

Ahora purifique su cuerpo imaginando una catarata de Luz Blanca brillante por encima de su cabeza, que llena su cuerpo entero de Luz. Es como si su cuerpo fuera un recipiente de vidrio. Imagine que otros restos o residuos de emoción están limpiándose y son transportados por sus manos y pies al Universo para ser reclasificados.

Capítulo Cuatro
Limpiezas con Arcángeles a hogares y negocios

Las Limpiezas con Arcángeles para viviendas y propiedades están diseñadas para liberar energías negativas que influyen en un hogar, una propiedad, un negocio, un objeto o un animal. Se necesitará también un péndulo y una vela blanca para esta Limpieza.

Las energías negativas impactan no solo en su vida diaria y calidad de vida, sino también en su hogar, negocio, propiedad o mascotas. La Técnica de Limpieza con Arcángeles (TLA) para hogares y negocios llevan, por lo general, una hora. Está diseñada para ser leída como un guion. Para que sea más efectiva, siga la secuencia escrita y no omita ningún paso.

Varias situaciones pueden requerir una Limpieza de Hogar o Negocio cuando:

- Un edificio se siente poseído
- Está cerca de un cementerio u hospital
- Es una casa o un edificio histórico
- Fue una propiedad rentada
- Ocurrió una muerte o un abuso
- La propiedad está en disputa (divorcio, etc.)
- Está amoblado con muebles usados
- Una mascota murió poco después de mudarse
- Muchas fiestas o grandes reuniones

- Aparición inusual de ira o miedo después de mudarse
- Está decorado con antigüedades o reliquias de familia
- Algunas áreas o habitaciones se sienten escalofriantes
- Uso de equipo rentado de convalecencia
- Aparición de cansancio o depresión después de mudarse
- Estuvo vacío por mucho tiempo
- Fue una casa donde se vendía crack o un laboratorio de metanfetaminas
- Cambio en el comportamiento de animales o mascotas
- Contiene objetos antiguos de otros países

Situaciones que pueden requerir una **Limpieza con Arcángeles** de viviendas y propiedades

Con frecuencia, las casas que estuvieron en el mercado por mucho tiempo están llenas de formas de pensamiento y energías discordantes. Esta situación se da especialmente en casas que fueron vendidas por un divorcio o ejecuciones hipotecarias. La energía negativa pudo haber sido dejada por los inquilinos anteriores o haber sido llevada por trabajadores o visitantes. Inmediatamente después de comprar una casa nueva, y antes de mudarse, es el mejor momento para realizarle una Limpieza a una propiedad. Otras situaciones pueden ser las siguientes:

- Casas que no se han vendido sin motivo aparente
- Se evitan ciertas habitaciones o áreas en la casa
- Viviendas que contienen antigüedades
- Sensación de cansancio cuando se está en la casa, pero en ningún otro lugar
- Propiedades rentadas
- Poca concentración solo cuando se está en la casa
- Dueños que no quieren vender la casa debido a la disolución de una sociedad
- Ubicación cerca de un cementerio, casa funeraria u hospital
- Malestar con las vibraciones y atmósfera de la casa

- Una muerte o tragedia ocurrió en el lugar
- Dificultad para dormir o pesadillas desde la mudanza
- Ocupantes anteriores con una enfermedad prolongada
- Cambios en el comportamiento o enfermedad en sus mascotas desde la mudanza
- Hogares con libros, pinturas u objetos antiguos de otros países
- Ocupantes anteriores adictos al alcohol o drogas
- Disputas con vecinos desde la mudanza
- Casas que se sienten poseídas
- Miedo cuando se está solo en casa

Situaciones que pueden requerir una Limpieza con Arcángeles en un negocio

Se puede encontrar energía negativa en los ambientes de trabajo donde grupos de individuos interactúan con diferentes objetivos, valores y sistemas de creencias, ya sea que hay empleados, gerencia o clientes. Otras situaciones son las siguientes:

Cambios en la estructura del negocio

- Fusión, adquisición o reorganización reciente
- Reducción en líneas de cash flow del negocio
- Dueño del negocio pasando por un divorcio
- Inmueble obtenido por herencia
- Negocio a la venta o recientemente trasladado a otro sitio
- Propiedad o inmueble con fuertes lazos familiares

Actitudes de empleados y cambios de vida

- Cambios, muy a menudo, de empleados
- Despidos recientes
- Incomodidad energética en áreas del edificio
- Agotamiento en el lugar de trabajo

- Falta de creatividad o moral baja
- Empleados que frecuentan bares o consumen drogas
- Empleados cínicos o insatisfechos o desavenencia entre empleados
- Indiferencia que resulta en un expediente indeseable

Modelos de clientes

- Modelo de alto tráfico de consumidores
- Presencia de arrebatos emocionales en los clientes
- Áreas donde han ocurrido accidentes
- Residencias en sitio de abusos o altercados previos
- Parques de entretenimiento o atracciones históricas. Entradas a edificios donde la energía está estancada
- Atracciones turísticas donde se acumulan energías negativas

Técnica de Limpieza con Arcángeles a Hogares y Negocios

RECUERDE: ES IMPORTANTE QUE SIEMPRE SE REALICE UNA AUTOLIMPIEZA CON ARCÁNGELES ANTES DE REALIZARSELA A OTRA PERSONA O PROPIEDAD.

Existe una Ley Universal con el Espíritu que establece que no se puede sanar una herida en otra persona si no se la ha curado en uno mismo. El Espíritu ha aconsejado que antes de que usted comience a Limpiar o a tratar a una persona con este proceso, se realice una Limpieza con Arcángeles a sí mismo, para remover cualquier campo energético que pueda crearle desalineaciones cuando realiza una Limpieza con Arcángeles a otros.

Paso 1: Crear un espacio sagrado

Encuentre un lugar tranquilo donde no sea interrumpido. Encienda una vela blanca. Siga todos estos pasos tal como están escritos y no los simplifique.

Paso 2: **Centrar y practicar grounding (conexión con la tierra)**

Diga en voz alta:

<u>Oración de sanación</u>

Querida Fuente de Todo lo Existente:

Te pido que me limpies y purifiques con la Luz Blanca, la Luz de Sanación Verde y la Luz de Transmutación Violeta.

Por mi bien supremo, te pido que todas mis vibraciones discordantes sean removidas de esta habitación y de este hogar, encerradas dentro de su Luz y regresadas a la Fuente para su purificación, para que nunca jamás se restablezcan dentro de mí o de cualquier otra persona.

Pido ser utilizado como un canal para la sanación de _____ (su nombre o el de otra persona o animal). **Pido esto para** _____ (mí, su, animal) **propio bien, dentro de** _____ (mí, su, animal) **propia voluntad y de la Voluntad Divina.**

Pido que esta habitación sea rodeada por la Luz Blanca y que _____ (yo otra persona o animal) **sea rodeado por la Luz Blanca y el triple escudo de Protección Universal.**

En este momento, acepto que esas fuerzas de sanación trabajen a través de mí y conmigo, permitiendo solo lo que sirva a la Fuente.

Doy gracias por todas mis bendiciones y, por sobre todo, el privilegio de servir a otros.[17]

Amén

Diga lo siguiente en voz alta

Convoco a mi Alma y pido ser rodeado por la esfera dorada de la energía del alma. Ahora uno mi Alma, con líneas de láser de Luz a:

Mi Ser Superior

Mi Presencia YO SOY

Mis Guías y Maestros de 100 % Luz Pura

Todos los Ángeles de Sanación con 100 % de Luz Pura

Todos los Trabajadores de Luz que asisten de forma activa a la sanación de la Madre Tierra

Ahora pido ser rodeado con la energía, vibración y color del **Poder Divino** (azul), la **Sabiduría Divina** (dorada) y el **Amor Divino** (rosa)

Paso 3: Establecer protección

Diga en voz alta:

Oración de protección

Querida Fuente: Te pido tu protección Divina para mí. Te pido ser puesto en el ánfora de la luz dorada de tu Gracia y que se llene con la Luz Blanca brillante. Pido que esta vivienda sea rodeada por el domo dorado de tu Gracia, conectando con el Escudo Dorado debajo de los cimientos, y llenada con la Luz Blanca brillante.

Diga en voz alta:

Oración de preparación

Vengo con amor y luz a mi Ser Superior y mi Presencia YO SOY y pido su guía durante este proceso de Limpieza con Arcángeles. Pido que solo la Verdad se manifieste. Le doy permiso a mi Ser Superior para que acceda a información de donde sea. Pido que todas las vibraciones y líneas de comunicación ahora se oculten.

Diga en voz alta:

Protección con péndulo (si se usa un péndulo)

Me alineo con mi Presencia YO SOY

Conecto mi Presencia YO SOY a la FUENTE con líneas de Luz

Ponga sus manos en posición de rezo por encima de la cabeza, con el péndulo entre las manos y diga en voz alta:

> Coloco este péndulo en un tubo sellado de Luz Blanca brillante, rodeado de la Llama Violeta de Transmutación.
>
> Cargo este péndulo con el poder de la FUENTE para que me muestre la Verdad para el bien supremo y mayor de todos los involucrados.
>
> Gracias. Gracias. Gracias.

Ahora visualícese, alineándose verticalmente con la FUENTE. Rodéese de Luz Blanca brillante y de Amor diciendo en voz alta:

> Evoco la Luz de la FUENTE interior. Soy un canal perfecto y claro para la Mente Universal de la FUENTE. La Luz es mi guía.
>
> La Luz de la FUENTE me rodea.
>
> El Amor de la FUENTE me envuelve.
>
> El Poder de la FUENTE me protege.
>
> La Presencia de la FUENTE me cuida.
>
> Dondequiera que ESTOY, La FUENTE está
>
> Y todo está en orden Divino.[18]

Diga en voz alta:

<u>Oración para guía</u>

Querida Fuente: Por favor provéeme de sabiduría, claridad, protección y guía para realizar esta Limpieza con Arcángeles hoy.

Paso 4: Aumentar vibraciones

*Repita **tres veces** en voz alta:*

Padrenuestro

Padre nuestro que estás en el cielo, santificado sea tu Nombre;

venga a nosotros tu reino; hágase tu voluntad en la Tierra como en el cielo;

danos hoy nuestro pan de cada día;

perdona nuestras ofensas como también perdonamos a los que nos ofenden;

no nos dejes caer en la tentación y líbranos del mal.

Porque tuyo es el reino, el poder y la gloria por siempre Señor.

Amén.[19]

Diga en voz alta con una sola exhalación:

¡Luz, Luz, Luz! *(Repita **3 veces**)*

*Repita **6 veces** en voz alta:* **Kodoish, Kodoish, Kodoish, Adonai 'Tsebayoth**

(Esto significa: Santo, Santo, Santo, el Señor hospeda)[20]

*Repita **6 veces** en voz alta:* **SOY lo que SOY**

(Esto une al individuo con la mente de la Fuente)[21]

*Repita **9 veces** en voz alta:* **Om**

(Este es el sonido de todos los sonidos juntos)[22]

*Repita **9 veces** en voz alta:* **Om Mani Padme Hum**

(Esto significa que la joya de la consciencia es el loto del corazón)[23]

Paso 5: Invocar al Equipo de Limpieza Espiritual

Diga lo siguiente en voz alta:

A través de mi divinidad de Luz, ahora convoco a:

Mis Guías y Maestros de 100 % Luz Pura
Mi Presencia YO SOY
Amadas Legiones de Luz
Maestro Saint Germain
La Gran Hermandad Blanca
Pan y los espíritus de la naturaleza
Arcángel Miguel y todas sus legiones frente a mí
Arcángel Rafael y todas sus legiones a mi derecha
Arcángel Uriel y todas sus legiones detrás de mí
Arcángel Gabriel y todas sus legiones a mi izquierda
Arcángel Jofiel
Arcángel Zadquiel
Arcángel Chamuel
Ángeles de la Llama Violeta
Deva del Reino de la Tierra
Deva de (dirección física o animal)
Ancestros y Guardianes de (dirección física)
<u>**San Francisco de Asís**</u> (solo para animales)

Paso 6: Fijar intenciones

Diga en voz alta:

Mi intención es brindar equilibrio, paz y armonía a esta propiedad (o animal) y trabajar en cooperación con los Seres 100 % de Luz pura, los Arcángeles, el equipo de Limpieza Espiritual, el Reino Dévico, los Espíritus de la Naturaleza, la Madre Tierra y todas las otras energías que me asisten hoy por el bien supremo y mayor de todos.

Paso 7: Pedir permiso

Primero, utilizando su péndulo, pregunte al Universo si puede realizar la Limpieza deseada. Luego, sintonícese mentalmente con la Deva de la propiedad o animal. Con el péndulo, pida permiso a la Deva también.

Diga en voz alta: **¿Tengo permiso para realizar esta Limpieza?**

____Sí   ____No

Si recibe un "no" como respuesta, por favor agradezca a todo el Equipo de Limpieza Espiritual. Libérelo con gratitud y amor, ya que la Limpieza con Arcángeles no puede ser realizada sin el permiso de la Deva. Si recibe un "sí" como respuesta, tanto de la Deva como del Universo, continúe con el proceso.

Si no está utilizando un péndulo, elija una de las opciones de radiestesia sin instrumentos del siguiente capítulo.

Paso 8: Cercar el área de Limpieza

Diga en voz alta:

> **Pido que _____** (la dirección física de la propiedad) **sea rodeada de Luz Blanca y que este círculo, y todo lo que se encuentra dentro, se impregne de amor incondicional y del más alto nivel de energía pura. Por favor, auméntenla lo necesario y apropiado a través del proceso de Limpieza y agranden este círculo para que sea más grande que la propiedad misma.**

Paso 9: Entrar a la Cámara de Purificación

Imagine que entra **a la Cámara del Consejo Divino de Universos**

Diga en voz alta:

> **Por favor formen un círculo alrededor de mí, mi hogar y mi carro e impregnen este círculo de amor incondicional. Por favor, colóquenme en el Pilar Protector de Luz y, luego, en el Escudo Triple de Protección Universal, rodeado de Fuego Violeta.**

Paso 10: Remover categorías

Diga en voz alta:

En representación de _____ (dirección física de propiedad o animal)**, convoco a todas las categorías que están interfiriendo con esta propiedad** (o animal).

Usando el péndulo, diga en voz alta:

¿Esta propiedad *(o animal)* **posee alguna?**

Usando el péndulo, o algún otro método de radiestesia, nombre cada categoría y <u>haga un círculo a las que se encuentran en la lista</u>. Cuando termine, libere cada energía marcada con un círculo por separado.

<u>A tener en cuenta</u>: Por cada categoría encerrada en un círculo, diga en voz alta lo siguiente:

Pido la remoción de _____.

Pido al Universo que disipe, disuelva y regrese cada una de estas energías negativas a su fuente en todos los niveles y dimensiones a lo largo del tiempo y el espacio.

Categorías de Energía Negativa

Presencias demoníacas
Seres desencarnados
Campos de fuerza
Archidemonios
Formas negativas de pensamiento
Esencias negativas
Ángel de la Muerte
Maestros oscuros altamente evolucionados

Influencias astrales
Influencias vibracionales
Vías telepáticas
Energías satánicas
Cuerdas energéticas
Vínculo psíquico
Energías negativas acumuladas
Energías psíquicas asesinas
Interferencia electromagnética
Almas fragmentadas
Emociones: enojo, ira, miedo, depresión, ansiedad, confusión, soledad, apatía, remordimiento, codicia, divorcio
Alguna otra influencia negativa de cualquier tipo

Paso 11: **Desbloquear líneas de cash flow**

<u>A tomar en cuenta</u>: Este paso corresponde solo a negocios o a una venta de un inmueble. (En caso contrario, se puede omitir)

Diga en voz alta:

Ordeno la remoción de todos los bloqueos a las líneas de cash flow de _____ (nombre del negocio o dirección física del inmueble) **y que éstas sean abiertas por completo.**

Ordeno que las líneas de cash flow de _____ (nombre del negocio o dirección física del inmueble) **ahora se inunden con la Luz Blanca brillante.**

Pido que las líneas de cash flow de _____ (nombre del negocio o dirección física del inmueble) **se rodeen del Escudo Triple de Protección Universal y del Fuego Violeta. Pido que este** _____ (nombre del negocio o dirección física del inmueble) **atraiga el/los cliente(s) apropiado(s) y que éste** _____ (nombre del negocio o dirección física del inmueble) **sea financieramente exitoso. Pido ese flujo de prosperidad para el bien supremo del dueño. ¡AHORA!**

Paso 12: Bendición del lugar (o animal)

Imagine o visualice que una neblina rosada de Amor Incondicional llena cada habitación (o rodea al animal)

Diga en voz alta:

> **Pido a los Arcángeles que irradien amor y bendiciones a _____** (dirección física de la propiedad) **y el ambiente** (o animal).

A tener en cuenta: El siguiente pedido es opcional y puede omitirse. **Por favor, bendigan este lugar y llénenlo con la presencia de Vida, Luz, Verdad, Salud, Prosperidad, Paz y Armonía.**

Paso 13: Posicionamiento de Deva

Diga en voz alta:

> **Ahora rodeo a la Deva con los círculos concéntricos del Poder Divino** (azul), **la Sabiduría Divina** (dorado) **y el Amor Divino** (rosa). **Pido que la Deva sea colocada por encima de _____** (nombre del negocio o dirección física del inmueble) **y que ella derrame amor y cubra toda el área.**
>
> **Te doy a ti, Deva, un corazón y una cruz azul para que permanezcan sujetos a la energía del Amor.**

Visualice el posicionamiento de la Deva por encima de la propiedad (o animal). Véala sosteniendo la cruz azul y un corazón. Visualice rayos rosas de amor, derramándose por encima de la propiedad.

Diga en voz alta:

> **Gracias a ti, Deva, por mantener este espacio de Amor. Que Dios te bendiga.**

Paso 14: Expresar gratitud

Diga en voz alta:

En el nombre de la Luz, doy gracias a todos los Seres que me ayudaron con esta Limpieza con Arcángeles en el día de hoy. Digo Gracias y Amén a:

Mis Guías y Maestros de 100 % Luz Pura
Mi Presencia YO SOY
Arcángel Chamuel
Maestro Saint Germain
Ángeles del Fuego Violeta
La Gran Hermandad Blanca
Pan y los Espíritus de la Naturaleza
Amadas Legiones de Luz
Arcángel Miguel y todas sus legiones
Arcángel Rafael y todas sus legiones
Arcángel Uriel y todas sus legiones
Arcángel Gabriel y todas sus legiones
Arcángel Jofiel
Arcángel Zadquiel
Deva del Reino de la Tierra
Deva de _____ (ciudad de la propiedad)
Deva de _____ (dirección física)
Ancestros y Guardianes de _____ (dirección física)
San Francisco de Asís (solo para animales)

Mientras extiende las manos con las palmas hacia abajo, pida a la Madre Tierra usar cualquier energía extra para la sanación del planeta.

Diga **tres veces** *en voz alta*:

OM o AUM

Apague la vela. Luego, haga los Ejercicios de Grounding que se encuentran en la próxima sección.

Ejercicios de Grounding (conexión con la tierra)

Cielo y Tierra

- Siéntese cómodo en una silla con los pies firmes en el piso.
- Imagine que usted es un árbol poderoso, por ej. un roble antiguo o una secuoya. Visualice sus raíces dividiéndolas en dos secciones principales.
- Envíe estas raíces, a través de sus pies, a la tierra y afírmelos al lecho de roca en el centro de la tierra.
- A medida que inhala, imagine que está extrayendo y se está nutriendo de la energía de la tierra. Otórguele un color si lo desea.
- Imagine que está llenando su cuerpo físico y cada chakra hasta la parte superior de su cabeza.
- A medida que exhala, permita que esta energía se mezcle con el poder del Universo.
- Ahora imagine una irradiante Luz Blanca por encima de la parte superior de su cabeza.
- Permita que caiga en cascada sobre su cuerpo, como si su cuerpo fuese un recipiente de vidrio.
- Visualice o imagine que esta Luz Blanca se mueve desde sus pies al centro de la tierra.
- Repita este ciclo completo tres o cuatro veces.

Cable a Tierra

- Siéntese cómodo en una silla. Asegúrese que sus pies estén bien apoyados en el piso.
- Imagine que tiene un cable atado a cada lado de la cadera y otro atado al coxis.
- Visualice los tres cables que caen, a través del piso, al centro de la tierra.

- Ahora, permita que los cables se sujeten firmemente, con grandes ganchos, al lecho de roca de la tierra.
- Imagine que un bosque denso se mueve hacia arriba, por medio de estos cables, a sus pies y parte inferior del torso.
- Conserve este "pensamiento de afirmación a la tierra" durante todo el día.

Ejercicio de alineación

- Comience en una posición sentada, con los pies bien apoyados en el piso y haga tres respiraciones profundas.
- Concentre su atención en el primer chakra, en la base de su columna vertebral. Observe que este es el centro de gravedad en el cuerpo físico.
- Ahora imagine todos sus chakras alineados en una columna vertical, desde la parte superior de la cabeza hasta la base de la columna vertebral.
- Una vez que los chakras se encuentran en esta posición, imagine que se convierten en un grandísimo centro de Luz, uniéndolos a su Presencia YO SOY.[24]

Capítulo Cinco
Limpieza con Arcángeles a Animales

Tengo entendido que el Reino Animal ha hecho un pacto con la humanidad para absorber la negatividad emocional, mental y espiritual del medio ambiente. En consecuencia, las mascotas trabajan, con esmero, para equilibrar nuestros campos energéticos absorbiendo nuestra negatividad. Dado que las mascotas viven en el mundo humano, pueden detectar y experimentar cualquier desafío que tengamos en nuestros hogares. Si hay estrés en la casa, los animales lo sienten. Se sintonizan con cada estado de ánimo debido a su lealtad y servicio a la humanidad.

Como resultado, también son afectados por la energía negativa en la tierra y en los hogares. Al mismo tiempo, se cree que los animales se encuentran aquí para ser nuestros ejemplos de amor incondicional. Tal como los humanos, los animales están expuestos a polución y toxinas ambientales. Pueden desarrollar desequilibrios energéticos que pueden manifestarse en enfermedades y problemas de comportamiento. A menudo, hay una similitud entre la salud de una mascota y la salud del dueño.

Los animales son más receptivos a las Limpiezas remotas con Arcángeles debido a que no tienen ningún sistema fijo de creencias para bloquear el flujo de energía. El reino animal está, naturalmente, muchísimo más conectado a la tierra que los humanos. Los resultados en animales (gatos, perros, caballos, pájaros y otros) después de recibir una Limpieza con Arcángeles son los siguientes:

- El estrés y la intranquilidad se alivian.
- Las mascotas parecen más felices y contentas.
- Los animales que son muy nerviosos y que están asustados se tranquilizan.
- La depresión y el dolor desaparecen.
- La ansiedad por separación se reduce.
- Mascotas con enfermedades terminales realizan su transición de mejor manera.
- Algunos problemas de comportamiento desaparecen.
- Los animales parecen ser más cariñosos.

¿Su mascota necesita una limpieza?

Por favor realice el siguiente test para discernir si su animal de granja o mascota se beneficiaría de una Limpieza remota con Arcángeles.

Puntos por cada "Si"	Pregunta
10	1. ¿Su mascota se sometió a un procedimiento médico recientemente?
10	2. ¿Ha habido una aparición repentina de comportamiento destructivo?
5	3. ¿Ha habido pérdida de apetito o interés en actividades habituales?
10	4. ¿Su mascota ha sido maltratada o traumatizada?
5	5. ¿Ha habido un cambio reciente en la rutina familiar?
15	6. ¿Es su mascota un animal rescatado?

10	7. ¿Existen síntomas que su veterinario no puede explicar?
5	8. ¿Otra mascota murió recientemente?
5	9. ¿Su mascota tiene miedo a objetos (frecuente en caballos)?
10	10. ¿Su mascota está nerviosa o muy excitable?

Puntos	Resultados
50-80 puntos	Su compañero animal ha adquirido niveles significativos de negatividad y se beneficiaría de una Limpieza con Arcángeles.
30-49 puntos	Su mascota tiene algunas energías negativas y desequilibrios energéticos serios. Es altamente recomendable una Limpieza remota con Arcángeles.
16-29 puntos	Su mascota ha acumulado energía negativa que necesita ser liberada antes de que aparezcan problemas de comportamiento. Una Limpieza con Arcángeles puede resolver esta situación.
Debajo de los 15 puntos	Un profesional debe haberle realizado a su animal una sanación energética recientemente.

Técnica de Limpieza con Arcángeles a Animales

Como se estableció en el capítulo anterior, las Limpiezas con Arcángeles para viviendas y propiedades están diseñadas para liberar las energías negativas que influyen en un hogar, una propiedad, un negocio, un objeto o un animal. Cuando se planifica una Limpieza remota con Arcángeles para un animal o un objeto inanimado como joyas, ropa, muebles, juguetes o un vehículo, utilice la misma lista de Categorías de Energía Negativa que se usan en el capítulo de Técnica de Limpieza con Arcángeles para hogares y negocios. Luego, mencione las palabras que corresponden a lo que está limpiando. Para que sea más efectiva, continúe con la secuencia sin omitir ninguno de los pasos. Habrá un agregado al Equipo de Limpieza Espiritual ya que usted convocará a San Francisco de Asís, en lugar del Médico Cósmico[25], para que se ocupe de cualquier sanación al animal. Se necesitará también un péndulo y una vela blanca para esta Limpieza con Arcángeles. Si esto parece demasiado confuso, quédese tranquilo, la Técnica de Limpieza con Arcángeles no puede ser realizada inapropiadamente porque el Equipo de Limpieza Espiritual me ha estado ayudando con este proceso por casi treinta años. Este Equipo es experto y, en algunos casos, puede llevarle la delantera en el proceso de Limpieza con Arcángeles.

Capítulo Seis
Opciones de radiestesia

Para realizar una Limpieza remota con Arcángeles para otra persona, usted debe pedir y recibir dos tipos de permisos: uno es del Ser Superior del otro y el segundo, es del Universo. Se le otorgará permiso solo si la Limpieza con Arcángeles está en el Orden Divino, realizada con amor y para el bien supremo. Aunque esté fuera del alcance de este libro enseñar la técnica de radiestesia o kinesiología, he incluido algunas opciones para que el lector, si lo desea, pueda realizar una investigación por su propia cuenta.

Inicialmente, la radiestesia se utilizó como práctica para buscar agua, con la ayuda de un palo bifurcado o un objeto similar. Hoy en día, la radiestesia también se aplica a la manera de buscar todo tipo de información, no solo objetos físicos o lugares. Utilizar un péndulo también es considerado radiestesia.[26]

La mejor manera de desarrollar la habilidad de radiestesia es practicarla frecuentemente. Uno de los problemas que muchos radiestesistas enfrentan es la falta de confianza en la precisión de su radiestesia. A medida que esta técnica se vuelve más popular, hay más personas que ofrecen cursos que muestran las técnicas y aplicaciones que pueden garantizar la confiabilidad de su radiestesia. Además, algunos libros tienen tablas específicas para que el estudiante utilice en el desarrollo de esta habilidad. La siguiente información es un breve resumen de todos los métodos disponibles para que el lector explore y obtenga permisos mientras realiza las Limpiezas remotas con Arcángeles.

La principal razón por la que me ha llevado diez años escribir este libro es debido a la complejidad y el potencial kármico de proporcionar Limpiezas con Arcángeles a otros. Antes de la creación de este libro, las técnicas para realizar Limpiezas con Arcángeles a otros solo eran presentadas a través de talleres intensivos realizados en fines de semana. Sin embargo, mucho ha cambiado en nuestro mundo durante los años pasados y, creo que, es vital para los individuos espiritualmente evolucionados tener algunas herramientas útiles para ayudar a sus familiares y amigos a remover la negatividad y la inactividad.

Cuando alguien desea realizar una Limpieza con Arcángeles para sí mismo, necesita seguir el proceso establecido previamente. Aunque es ideal obtener permiso verbal del otro antes de realizar la Limpieza con Arcángeles, con frecuencia, hay situaciones en las que el permiso verbal podría no ser obtenido. Algunas de estas situaciones pueden ser padres que desean realizar la Limpieza Espiritual a un niño, a un individuo que está muy enfermo o a alguien que tal vez no crea en el Mundo Angelical. En tales casos, cuando un individuo no cuenta con el permiso verbal para continuar con la Limpieza con Arcángeles realizada a otro, se requieren **dos** permisos adicionales.

Para obtener permiso para realizar una Limpieza remota a otro que no la pide directamente, una técnica de radiestesia es obligatoria para comunicarse con el Universo y obtener el consentimiento. La herramienta de radiestesia que yo siempre he utilizado es el péndulo, el cual requiere cierta habilidad si usted nunca antes lo ha utilizado.

Básicos del péndulo

Todos tenemos acceso a nuestra intuición y dones físicos al utilizar un péndulo. Aprender a usarlo es como cualquier otra habilidad. Requiere tiempo, determinación y una práctica persistente. Cada objeto, animado o inanimado, emite radiaciones energéticas y nuestro conocimiento expandido puede medir estas energías.[27] Por lo tanto, es necesario acercarse al péndulo con entusiasmo, optimismo y confianza.

Un péndulo puede ser de oro, plata, latón, cobre, bronce o madera. Yo siempre he usado los hechos de latón. El mejor modelo para comprar es el que se hace más estrecho en la punta y no es pesado. El péndulo se puede mover de tres formas diferentes: un movimiento circular (en sentido horario o antihorario), movimiento elíptico o en una línea recta (horizontal o vertical).[28]

Comience sosteniendo la cadena del péndulo entre el dedo índice y el pulgar. La mayoría de las personas utilizan su mano dominante. En mi caso, prefiero acomodar la cadena del péndulo sobre mi dedo índice y, para mantener el equilibrio, coloco mi codo en el brazo de una silla o sillón como un ancla, así no se me cansa la muñeca.

Ponga su mente en blanco como si fuese una pizarra que fue recién borrada. Para hacer esto, puede darse unos golpecitos en el timo, en la parte superior del pecho antes de comenzar y, luego, limpie su frente para quitar todos los pensamientos externos. Alinéese con su Presencia Yo Soy y pida que toda la información sea dirigida a través del Chakra del Corazón. Permita que esto sea su herramienta de monitoreo. Descubrirá, a medida que sucede, que podrá sentir un cambio de dirección en el Chakra del Corazón cuando el péndulo cambia de dirección. Esta es una de las maneras de saber si es su Voluntad o su Ego lo que está dirigiendo el péndulo o si es la energía de la Fuente lo que lo hace.

Si descubre que no siente, de alguna forma, un cambio en la energía de su Corazón, entonces la energía utilizada para mover el péndulo probablemente provenga de su Ego o de su Mente. Si usted está afectando al péndulo con su energía, pida que todo miedo, duda y ego se deje de lado para la Voluntad Divina de la Fuente y su Voluntad y que se convierta en una alineación directa como Uno. Esto le será de gran utilidad. Sin embargo, su mejor herramienta de monitoreo es su corazón. Si siente que su Corazón cambia, esta es una conexión energética de la Fuente y la información es precisa. Si su elección es no ser idóneo en la técnica que se centra en el corazón, igualmente puede obtener respuestas de radiestesia usando el péndulo mientras realiza las Limpiezas con Arcángeles en la Cámara sagrada.

Para comenzar, pídale al péndulo que le muestre cómo es una respuesta positiva y negativa. Al inicio, estos movimientos pueden ser diferentes cada vez, así que anote las acciones antes de comenzar realmente con las Limpiezas con Arcángeles. Para la mayoría de la gente, un "sí" es en sentido horario y un "no" en antihorario. Un "sí" puede ser también vertical y un "no" horizontal.

Si el péndulo (una vez que usted establece el "sí" o el "no"), se balancea de un lado a otro, en lugar de moverse en sentido contrario a las agujas del reloj o diagonalmente, eso significa "tal vez", por lo tanto, reformule la pregunta. Después de haber encontrado cuál movimiento es su respuesta positiva o negativa, ahora practique utilizando la radiestesia como técnica. En la rabdomancia para principiantes, una vez que se establecen las respuestas positivas y negativas del péndulo, la comida y los suplementos son una de las cosas más importantes para testear. Sostenga su péndulo por encima de la comida o suplemento y pregunte: "¿Esto es por mi bien supremo?" o "¿Esto es bueno para mi cuerpo?" Luego, practique con otro tipo de preguntas para desarrollar sus habilidades de radiestesia.

Cualquier pensamiento sobre posibles respuestas, deseos personales o sentimientos con respecto al resultado, influirán en la precisión de su trabajo. Mantenerse en un estado neutral es una de las claves para un éxito futuro. Es importante comenzar con preguntas simples sobre situaciones o condiciones en las que usted sea emocionalmente independiente del resultado. Sus respuestas serán según la formulación de sus preguntas, principalmente las que son simples y requieren un "sí" o un "no" como respuesta. Por simple, me refiero a preguntas que solo tienen una respuesta; no a dos preguntas en una oración, requiriendo una respuesta cada una. Recuerde que como cualquier otra destreza que haya aprendido, esto requiere práctica, paciencia y persistencia.[29]

Kinesiología

Existen muchos métodos de radiestesia sin instrumentos (como una varilla) o una herramienta (como un péndulo). En su lugar, usted recibirá señales neuromusculares utilizando su cuerpo para responder sus preguntas. La kinesiología, un nombre elegante para la modalidad del test muscular, es uno de ellos. Cualquier persona puede utilizar esta herramienta ya que usa el sistema eléctrico y los músculos de usted. La mayoría posiciona los dedos para recibir señales neuromusculares que son interpretadas como respuestas de "sí" o "no" a preguntas simples. Como cualquier otro método de radiestesia, la respuesta para saber si una contestación es positiva o negativa debe ser determinada antes de que se hagan las preguntas. En, prácticamente, todos los métodos sin instrumentos, una respuesta fuerte indica un "sí" y una respuesta débil indica un "no".[30]

Tal vez usted haya sido el receptor de un test muscular cuando fue visto por un quiropráctico u otro médico holístico, quien le pidió que extendiera el brazo, luego le hizo una pregunta y se lo presionó. Si la respuesta fue verdadera, entonces el brazo extendido permaneció fuerte. Sin embargo, si la respuesta fue falsa, el brazo se debilitó y cayó.

Cuando utiliza cualquiera de las siguientes técnicas de radiestesia sin instrumentos para obtener respuestas, es imperativo que usted cree un método para verificar la validez de sus respuestas a las preguntas que realiza. La forma más fácil es decir su nombre, por ej. "Mi nombre es _____". Con cualquier método que utilice, busque una respuesta positiva. Luego, diga el nombre de otra persona como si fuera el suyo, por ej. "Mi nombre es _____". Verifique que la respuesta sea negativa ya que no es su nombre.

Otros tests de verificación de respuestas verdaderas se realizan estableciendo verdades y mentiras que usted ya conoce y confirmando su respuesta positiva o negativa.

Ya que éste es un breve resumen de algunos de los métodos para utilizar el test muscular, incentivo al lector a realizar su propia investigación para desarrollar las técnicas.

Kinesiología índice—pulgar

Probablemente esta sea la forma más común del test muscular/radiestesia que solo utiliza la mano y los dedos. Puede ser hecho prácticamente en cualquier lugar. Lo más importante es que haya una diferencia consistente y confiable entre respuestas de "sí" o "no". Con este medio de radiestesia, usted frota su dedo índice con su dedo pulgar. Solo funciona sobre piel seca. Cuando usted formule su pregunta, si la respuesta es "sí" sentirá los dedos pegajosos mientras los masajea juntos; si es "no" tendrá una sensación áspera.[31]

Kinesiología dos círculos

Con este método, usted puede realizar dos círculos por separado con los pulgares y los índices. Primero, haga un círculo tocándose la punta del dedo índice con la punta del dedo pulgar de la mano no dominante. Luego, haga otro círculo con el pulgar y el índice de la otra mano, entrelazando los círculos. Ahora ambos círculos estarán enganchados como un eslabón de cadena. Intente extraer el círculo de la mano dominante a través de la parte más débil del círculo de la mano no dominante. Si la respuesta a la pregunta es correcta, los círculos se mantendrán firmes y no se separarán cuando se los jale suavemente. Sin embargo, si la respuesta es falsa, los eslabones se debilitarán y separarán.[32]

Kinesiología dedos circuito

Este método también utiliza los dedos, solo que esta vez usted conecta la punta del pulgar izquierdo con la punta del meñique izquierdo. Los dedos pueden tocarse de punta a punta o de yema a yema. Ambas formas pueden sentirse incómodas hasta que se acostumbre a la posición. Con el pulgar izquierdo tocando el meñique, coloque el pulgar e índice de la otra mano dentro del círculo creado. Si la respuesta a su pregunta es positiva, no podrá separar los dedos circuito fácilmente. En cambio, si la respuesta es negativa, los dedos circuito se debilitarán y separarán.[33]

Kinesiología chasquido

Con esta técnica de testeo muscular con una sola mano, presione el pulgar y el dedo de una mano juntos como si fuera a chascar los dedos. Haga una presión firme, pero no dolorosa, y sienta la fuerza entre el dedo y el pulgar. Pruebe discernir cuánto peso necesita ejercer para chascar en caso de una respuesta negativa. Una vez que usted tenga en claro la diferencia entre las respuestas positivas y negativas, puede utilizar esta técnica para respuestas de radiestesia.[34]

Kinesiología dedo sobre dedo

Para utilizar este método, coloque su dedo medio por encima del dedo índice de la misma mano. El dedo índice está recto con el dedo medio doblándose para tocarlo. El dedo de arriba empuja hacia abajo y el dedo de abajo resiste el empuje. Si el dedo índice permanece recto, es un "sí" y si se dobla hacia abajo, entonces es un "no". Juegue con la presión para discernir cuánta necesita para ejercer sus respuestas positivas y negativas.[35]

Kinesiología seña de OK

Use el dedo índice de su mano dominante para evaluar la fuerza de una seña de ok, formada con el dedo y el pulgar en su mano no dominante. Inserte el dedo índice de su mano dominante dentro de la seña de OK y, luego, intente abrir la seña mientras determina una respuesta positiva y negativa. Si la seña de OK no se rompe, la respuesta es "sí". Si se rompe, la respuesta es "no".[36]

Kinesiología dedo anular

Con la mano en posición vertical, relaje el dedo anular para que esté extendido y perpendicular a su mano. Luego, con el dedo índice de la mano contraria, examine la fuerza del dedo anular mientras formula sus preguntas. Si el dedo permanece trabado, la respuesta es "sí". Si se curva, entonces la respuesta es "no".[37]

Kinesiología parpadeo

Esta técnica es sin esfuerzo, rápida y no depende de ninguna herramienta o manos. Para utilizar este método, primero, mire una pared blanca y, luego, haga una respiración profunda. Relaje los ojos. Mantenga los ojos abiertos adrede. Formule su pregunta. Si pestañea en contra de su voluntad, la respuesta es "sí". Si no pestañea es "no". Otra variación es un parpadeo en caso de respuesta positiva, dos parpadeos en caso de respuesta negativa.[38]

Técnicas intuitivas

La habilidad de la intuición está basada en la primera impresión que usted obtiene, así que quédese con esa primera impresión. A menudo, cuando las personas comienzan a tener flashes intuitivos, suelen descartarlos y pensar que su mente está engañándolas. Permiten que la duda y la lógica discutan con esa percepción intuitiva. Para desarrollar esa habilidad intuitiva, siempre dé por sentado que lo que se obtiene es preciso. Luego, tenga suficiente amor para sí mismo para confiar en su primera impresión intuitiva y sepa, que lo que está recibiendo, es una interpretación correcta de su Bien Supremo. Si es creativo, tal vez quiera hacer una "peonza" como aquellos que se encuentran en los juegos de niños. Luego, haga que un lado sea "sí" y el otro "no". Formule una simple pregunta y luego, gírelo para obtener su respuesta.

Radiestesia semáforo

Para comprender el principio de la radiestesia semáforo, piense en las luces rojas y verdes. Al usar esta analogía, su Bien Supremo puede mostrarle, visualmente, a su ser intuitivo la respuesta correcta a la pregunta que usted realice, dando un "sí" (verde) o "no" (rojo) como respuesta a su pregunta.

Puede utilizar este método de radiestesia intuitiva para muchas cosas, tales como elegir la mejor comida para una salud óptima. Por ejemplo, si usted está comprando productos agrícolas en una tienda de comestibles, pregunte intuitivamente a su Ser Superior para que le dé una respuesta semáforo. Tal vez le sorprenda descubrir que la fruta que mejor se ve, tenga una respuesta color rojo (no). Esto podría significar que la han rociado con pesticidas u otros químicos. Si recibe una luz ámbar, eso podría ser un indicador de que el producto estuvo guardado por mucho tiempo o que tiene bajos nutrientes o vibración.

También puede utilizar esta radiestesia semáforo para cualquier decisión específica como, por ejemplo, cuál sería el mejor momento de realizar una tarea o hacer una compra. Si utiliza este sistema en su vida cotidiana, aumentará su confianza ya que estará permanentemente ligado a su Ser Superior.

Otra versión de este método de radiestesia es dibujar en un papel un círculo y una línea vertical en el medio. Luego, coloree la mitad del círculo verde para una respuesta positiva y la otra mitad rojo para una respuesta negativa. Formule una pregunta que se responda con "sí" o "no". Inmediatamente mire el círculo y fíjese cuál de los dos colores parece vibrar o se ve en 3-D. Esa será su respuesta positiva. Una variación es colocar la mano izquierda por encima de cada color del círculo y sentir qué color causa una sensación en su mano. Esa será su respuesta positiva.

Radiestesia con enfoque en el corazón

Otro método para seguir su intuición, y el que prefiero, es escuchar una voz suave y tranquila en el corazón. Al comienzo, es importante limpiar el corazón con oraciones, afirmaciones y visualizaciones, antes de emplearlo para tomar decisiones intuitivas. El libro "Alquimia del corazón" de Elizabeth Clare Prophet provee afirmaciones de sanación para curar cualquier experiencia dolorosa del pasado.[39] Otras técnicas para sanar su corazón pueden encontrarse en internet.

Una vez que su corazón esté sanado, enfóquese en él y respire hacia adentro y hacia afuera varias veces, como si éste tuviera boca. Luego, sintonice con el centro del amor de la Fuente dentro suyo y sienta una sensación de placer. Pida sus respuestas positivas y negativas. Confíe en la primera respuesta que obtiene.

Es posible que todas estas técnicas le resulten fáciles. Le sugiero que encuentre la técnica que le resulte más fácil y más confiable. Luego, para desarrollar la habilidad, practique con frecuencia, formulando preguntas que tengan un Sí o un NO como respuesta. Comience con preguntas más triviales como, por ejemplo, qué tipo de fruta o producto comprar. Al practicar con preguntas que no son muy importantes, usted tendrá más confianza cuando formule preguntas fundamentales, especialmente durante la Técnica de Limpieza con Arcángeles.

Capítulo Siete
Miembros del Equipo de Limpieza Espiritual

Debido a que muchos de ustedes no están familiarizados con los Seres específicos que ayudan en las Limpiezas con Arcángeles, les daré un resumen de quiénes son y de cómo están ayudando a la humanidad. La siguiente es una breve reseña de los Seres Dimensionales que se convocarán y realizarán las Limpiezas con Arcángeles.

- **Presencia YO SOY**

    Este fenómeno es un Cuerpo de Sustancia de Luz inmortal que actúa como la Presencia de la Fuente, la cual es la realidad de quién es usted. Si pudiera ver el Cuerpo de Luz, aparecería en una forma similar al cuerpo físico, pero vibrando a un ritmo mucho más rápido y, por lo tanto, no visible al ojo humano.[40]

- **Señor Sananda**

    Se lo conoció como Jesús en este planeta, pero en otras esferas como Sananda, y actúa como el Maestro del Mundo. Fue uno de los más grandes Sanadores Espirituales que caminó sobre nuestro amado planeta Tierra. Vino a demostrar cómo lograr la unión con el Ser Superior para ser uno con la Fuente. Despierta, sana y realinea el corazón con la vibración del Amor Incondicional.[41]

- **Madre María**

    En todas sus encarnaciones, María trabajó muy de cerca con el Arcángel Rafael, su llama gemela. Él permaneció en el plano del

Espíritu (Cielo) para concentrar las energías Alfa, mientras que ella en el plano de Matter (Tierra) para concentrar las energías Omega. En su última encarnación, dio a luz al Señor Jesucristo.[42]

- **Kwan Yin**
Conocida como la Diosa de la Piedad, Compasión y Perdón, ella es miembro de la Junta Kármica. Su servicio a la humanidad es Piedad y Sanación. Es una de las diosas que está a cargo de dirigir la energía de sanación hacia la gente de la Tierra. El nombre Kwan Yin (deletreado también Kuan Yin, Quan Yin, Kuan Shin Yin), en chino se traduce, aproximadamente, como "La que oye el llanto del mundo".[43]

- **Amadas Legiones de Luz**
Estos son Ángeles que ayudan a eliminar las energías negativas del planeta.[44]

- **Maestro Saint Germain**
Es el Señor del Séptimo Rayo de Transmutación. La naturaleza del Séptimo Rayo es purificar la energía y la substancia de la vida. Su regalo a la humanidad es la Llama Violeta de Transmutación que puede ser invocada a través del poder de visualización, contemplación, intención o decreto. Puede ser utilizado para consumir errores, remover negatividad del yo y del medio ambiente, limpiar y purificar la mente y elevar las vibraciones.[45]

- **La Gran Hermandad Blanca**
El Orden de Jerarquía Espiritual es una organización de Maestros Ascendidos unidos para los propósitos superiores de Dios hecho hombre, como fue expuesto por el Señor Sananda y otros Maestros del Mundo. La palabra "blanca" no se refiere a la raza sino al aura (halo) de la Luz Blanca que rodea a los santos y sabios de todos los tiempos, que se han elevado de todas las naciones para ser contados entre los inmortales.[46]

- **Ángeles de la Llama Violeta**
Estos son los Ángeles del Séptimo Rayo que purifican todo cuando

pasan. Existen Legiones de estos Ángeles de Fuego Violeta. Cuando usted los convoca, se reúnen alrededor suyo. Con las palmas extendidas, se dirigen a través de sus cuatro extremidades inferiores y su aura. Cuando ese arco brilla a través de su Ser, vaporiza las condiciones adversas de su corazón y mente.[47]

- **Arcángel Miguel**
  Es conocido como el Arcángel guerrero que lucha contra el mal y le quita discordancia y negatividad a las personas y lugares. Su color es azul y es el Arcángel de la Protección. Desafía a los humanos que tienen intenciones malas y dañinas a que las transmuten en energías divinas positivas. Su Flamígera Espada Azul puede ser llamada para cortar lazos psíquicos autoimpuestos con vínculos y limitaciones percibidas.[48]

- **Arcángel Rafael**
  Es conocido como el Arcángel de la Sanación y el guardián de los talentos creativos que trae alegría y felicidad. Su color es verde. Tiene el deber sagrado de sanar a la Tierra y de curar a la humanidad de todos sus males. Asiste durante el proceso de sanación, principalmente conectado a las heridas psíquicas.[49]

- **Arcángel Uriel**
  Conocido como el Arcángel de la Verdad. Nos ayuda con información intelectual, soluciones prácticas y conocimiento creativo. Transmuta todas las distorsiones conectadas con la Verdad, incluyendo mentiras, mal uso de poder y energías conectadas con varias formas de autoengaño. Sus colores son rubí y dorado.[50]

- **Arcángel Gabriel**
  Gabriel es conocido como el Arcángel de la Visitación. Transmuta todas las energías negativas conectadas con el amor. Es el portador de buenas noticias y el hacedor de cambios que ayuda a las personas con su propósito espiritual. Su color es blanco y su símbolo es el lirio.[51]

- **Arcángel Chamuel**
Chamuel es el Ángel de la Adoración. Su servicio es la adoración a Dios, los ángeles y todos los poderes que cuidan de la humanidad y de la Tierra. Su color es rosa y sus cualidades son amor, tolerancia y gratitud. Su misión es recordarnos que magnifiquemos el bien.[52]

- **Arcángel Jofiel**
Su servicio a la vida es en la enseñanza de la consciencia, permitiéndole descubrir el poder de la Luz dentro de sí misma. Es el Arcángel de la Iluminación. Nos motiva a magnetizar ideas divinas y, dentro de cada plan, es la forma y los medios para realizarlo. Su color es amarillo y sus cualidades son sabiduría, iluminación y percepción.[53]

- **Arcángel Zadquiel**
Zadquiel, conocido como el Arcángel de la Piedad y la Benevolencia, nos ayuda a sentir piedad y compasión por nosotros mismos y por otros. Su color es violeta y trabaja de cerca con el Maestro Ascendido Saint Germain y asiste al Arcángel Miguel cuando se necesita combatir fuerzas malignas.[54]

- **Deva del Reino de la Tierra**
La palabra del sánscrito "Deva" significa "ser de luz brillante" y se utiliza para indicar un ser no físico. Son Seres de la Naturaleza, similares a los Ángeles Guardianes de la humanidad, que existen en un reino paralelo a la misma. Cada Deva tiene su área específica de responsabilidad para supervisar. Las Devas son receptivas, pasivas y esperan órdenes, ya que son el aspecto femenino.[55]

- **Deva de Sanación**
Esta Deva es una frecuencia en quinta dimensión y trabaja bastante cerca del Ser Superior. El orden, la organización y la vitalidad de vida del cuerpo humano caen dentro del dominio de la Deva de Sanación.[56]

- **Pan y los Espíritus de la Naturaleza**

  Pan es la energía del corazón que sintoniza las frecuencias entre los Elementales, la Madre Tierra y nuestras vibraciones, trabajando con las frecuencias del Amor y la Luz. Pan existe en un nivel universal y multidimensional.[57]

- **Ancestros y Guardianes** (de área o propiedad)

  A menudo, el lugar que recibe la Limpieza con Arcángeles fue previamente habitado por ancestros antes de los dueños actuales. En muchas situaciones, la gente original fue sacada a la fuerza o de forma violenta. Al pedir la asistencia de estos Seres, las huellas de energías negativas de estas acciones pasadas pueden ser liberadas de los confines de la Tierra.

Capítulo Ocho
Protección Divina

Usted no estaría leyendo este libro a menos que haya aceptado su lado espiritual y desee desarrollarlo más. A medida que avanza en su camino espiritual, es vital que rece y pida protección todos los días, además de crearla para usted mismo. La seguridad que requiere proviene de todas las formas de negatividad. Hay mucho de esto último en el mundo en este momento. Cuando crea más Luz, la oscuridad es atraída hacia ella como por un imán. Cree el hábito de colocar protección alrededor de sí mismo y de sus seres queridos dos veces al día, aunque sería ideal pedir protección cada mañana después de levantarse; cada tarde y antes de acostarse. Si usted hace esto de manera constante, se puede evitar la invasión negativa.[58] Además, recomiendo que considere realizarse, a usted mismo, una Limpieza con Arcángeles semanalmente.

En primer lugar, es indispensable recordar que el miedo siempre revela su poder. Mantener una actitud positiva y una conciencia de sí mismo puede evitar, a menudo, negatividad en la mayoría de las situaciones. En segundo lugar, sugiero que convoque al Arcángel Miguel todos los días para que coloque un domo dorado de protección alrededor suyo, especialmente al despertarse y, aún más importante, antes de acostarse. Usted puede evitar muchísimos problemas en su vida al tomarse el tiempo para realizar estos simples ejercicios espirituales. Cuando es perezoso y no los hace, es ahí cuando se vuelve vulnerable. Usted solo es una víctima cuando se permite serlo. Si es dueño de su poder y crea su protección, entonces, no necesita preocuparse.[59]

Protección diaria del campo de fuerza tricolor

Como parte de su práctica espiritual diaria, visualice o imagine tres círculos concéntricos protectores alrededor suyo, para maximizar su protección espiritual. Estas burbujas son de color azul (Poder Divino), dorado (Sabiduría Divina) y rosa (Amor Divino). Solo lleva unos minutos hacerlo y, aun así, es muy poderoso si se los realiza a diario, especialmente antes de acostarse y antes de empezar el día.

Como sugerencia, la siguiente es una oración/intención que puede adaptar a cualquier variación que desee para decir o visualizar:

Querida/o Madre/Padre, Dios o Fuente:

Por favor rodéame a mí (y a mi casa) con la burbuja azul del Poder Divino, la burbuja dorada de la Sabiduría Divina y la burbuja rosa del Amor Divino.

Gracias

Pilar de Luz

Debido a que ahora vivimos en el terreno psíquico, existen vibraciones palpitantes y vivientes alrededor nuestro. Estas vibraciones se mueven como un remolino de energía que emana negatividad. Son las causas y centros de siglos de energía descalificada por la humanidad y es esencial que usted comience su día con protección, como el Pilar de Luz.[60]

Este pilar protector es un tubo de sustancia de Luz pura, invisible a los ojos, pero capaz de ser visto con una visión interior. Sin embargo, no es hueco como un tubo. En su lugar, tiene luz que lo atraviesa como un pilar (dentro, a través y alrededor de su cuerpo físico), con un radio de alrededor de tres (o hasta nueve) pies (3 cm-2,74m). Es como un tubo compuesto de un fuego espiritual ardiente, blanco y opaco y que se condensa en el borde externo para que sea impenetrable para todo, excepto la Luz. Se extiende desde por encima de la cabeza hasta por debajo de los pies, dando protección tanto a los cuerpos interiores como al cuerpo físico. Véalo o imagíneselo descendiendo desde su Presencia YO SOY y extendiéndose en diámetro, alrededor suyo y debajo de los pies. Imagínelo bloqueando toda energía negativa dirigida hacia usted. Luego, vea el tubo lleno de Fuego Violeta, su poder espiritual liberándolo de sus preocupaciones.[61]

Para invocar este Pilar de Luz, diga:

Llamo a mi Presencia YO SOY para que proyecte, establezca e intensifique su Pilar protector de Luz pura; dentro, a través y alrededor mío. Cargado de tu protección invencible, todopoderoso e impenetrable, me mantiene aislado de todo lo que no es de Luz y lo conserva sostenido. Gracias.

No importa las responsabilidades que usted tenga durante el día, puede ser bombardeado con miedos, formas de pensamiento y demandas excesivas de otras personas. ¿Cómo puede mantenerse concentrado y en paz en medio de todo eso? Convoque al Pilar de Luz para construir energía de protección poderosa alrededor suyo. Puede protegerlo de todas las fuerzas negativas que emanan de una persona que está sentada a su lado o hasta tocando su cuerpo físico. Asimismo, esta técnica le permite desconectarse de las formas de pensamiento de conciencia de masa en la atmósfera.

Estas formas de pensamiento son una colección de pensamientos que han sido liberados por la humanidad (el colectivo) a lo largo de los años, que atraen impresiones del mismo tipo.

Por ejemplo, cuando ocurre un cataclismo, hay formas de pensamiento de miedo liberadas por miles de personas que son energías reales. Estas últimas permanecen en la atmósfera y se convierten en una gran nube de miedo que la gente siente hasta que es liberada. Ciertos lugares en la Tierra tienen concentraciones más densas de estas formas de pensamiento que otras. Piense en Oriente Medio y todo lo que ha sucedido históricamente en esa región. Las formas de pensamiento persistentes de aquellas situaciones todavía pueden afectar a la gente que camina en esa área hoy en día.

El Pilar de Luz debe ser creado cada día antes de que usted comience su rutina. Es una extensión de su presencia YO SOY que desciende en respuesta a su llamado. Este cilindro de Luz Blanca brillante no deja pasar la energía negativa y conserva la Llama Violeta, ayudándolo a mantener su conexión con su Presencia YO SOY. Lo protege de las energías de odio, envidia, ira y, hasta, de ser manipulado por otros con respecto a la forma en la que debería ser, pensar o actuar. Lo protegerá de cualquier forma de pensamiento imperfecta que esté flotando en la atmósfera. Si comienza su día con este Pilar de Luz, puede tener esa protección antes de que cualquier negatividad se le acerque.[62]

Aunque no puede romperse por energía negativa externa, puede disiparse si no presta atención a su Presencia YO SOY. Además, puede romperse temporalmente si usted se permite disgustarse. Debido a que las cosas estresantes de su día pueden impedir que mantenga un conexión constante con su Presencia YO SOY, es mejor decir el siguiente decreto al comienzo de cada día para restablecer este campo de fuerza protector alrededor suyo. Luego, puede reforzarla repitiendo el decreto durante varias actividades a lo largo del día, tales como al manejar su carro o mientras realiza sus quehaceres domésticos. Solo concéntrese en la imagen de su imaginación.[63]

Visualice una esfera de luz blanca alrededor de la triple llama dentro del corazón. Vea este globo de fuego blanco expandirse y véase dentro de un mundo imaginario. Visualice el brillo del fuego blanco cósmico alrededor suyo. Cuando diga el siguiente mantra, repítalo tres veces para que sea más efectivo.

Mantra del Pilar de Luz

Presencia YO SOY amada y brillante
Sella tu Pilar de Luz alrededor mío

Mantén mi Ser libre
De toda desavenencia enviada hacia mí.

Círculo de Llama Azul

Si necesita protección adicional, diga lo siguiente:

Pido a mi Presencia YO SOY que rodee mi Pilar Protector de Luz con su Círculo de Llama Azul y provea cualquier protección adicional que sea requerida. Gracias.

Luego, imagine o sienta este Círculo de Llama Azul (de alrededor de cuatro pulgadas/2,54 cm de grosor) rodeando su Pilar de Luz. Esta intención debe ser establecida a diario.[64]

Las siguientes dos meditaciones, para la protección espiritual, fueron creadas por uno de mis maestros espirituales, el fallecido William Baldwin, PhD., quien fue un pionero en el área de Liberación Espiritual.

Meditación del santuario interior

Siéntese en una silla con los pies apoyados en el piso, su espalda derecha, manos extendidas unas doce pulgadas (treinta centímetros), palmas frente a su Centro del Corazón para que la energía vaya hacia usted.

Luego, visualice una Llama Violeta subiendo por sus pies, dando vueltas por sus extremidades inferiores y bañando cada célula con su poder de transmutación y purificación. Esta visualización es un proceso de limpieza para remover la nebulosidad y la oscuridad y construir el Santuario Interior. La Llama Violeta vibra en lo más alto del espectro ultravioleta de las frecuencias de color, por encima de lo que nuestros ojos físicos pueden percibir.

Necesita ser realizado a diario para convertirse en un canal puro para la Fuente.

- Ahora piense en su Ser Superior como un sol y visualice una Luz Dorada que proviene de él, como una estrella o llama por encima de su cabeza, entrando por la parte superior.
- Cuando la Luz sea estable y sea vista o sentida con el "ojo interior", concéntrese en el Centro del Corazón y visualice la estrella brillante como antes. Ahora extienda la Luz, con el pensamiento, hasta que sienta la energía fluir lentamente a través de su cuerpo hasta debajo de los pies. Tal vez sienta un hormigueo o calor.
- A través de su intención, traiga la Luz hacia el corazón y expándala al Cuerpo Etéreo, al Emocional y luego, al Mental, iluminando cada átomo.
- Después de purificar y equilibrar las extremidades superiores con el uso de la Energía de la Fuente que fluye hacia su coronilla y a través de sus manos, llene todo su Ser con Luz azul y blanca brillante.
- Esta misma Luz también será utilizada para rodear su campo magnético, en forma de huevo, y lo protegerá de la conciencia de masa y los malos pensamientos dirigidos hacia usted. La apertura en la parte superior guiará a la luz de la Fuente hacia usted y lo protegerá de toda oscuridad.[65]

Sellar la Meditación de Luz

De acuerdo al fallecido Dr. Baldwin, esta meditación es el primer paso en la autoprotección. Debe ser visualizada a primera hora de la mañana al despertarse, varias veces al día, y al acostarse. Después de un poco de práctica, la Meditación Sellada visualizada se vuelve automática. Es como una luz que siempre está encendida.

- Visualice o imagine un punto brillante de Luz, profundo dentro de su pecho. Esta chispa de Luz es su conexión con la Fuente y siempre estará allí.

- Vea esta luz expandirse por todo su cuerpo. Sienta la energía de Luz que fluye a través de sus brazos y sale por sus manos, bajando por sus piernas y fuera de sus pies y, luego, llenando su cabeza.
- Ahora imagine que la Luz se expande más allá de los límites de su cuerpo, fuera de su forma física.
- Véala expandirse, a un brazo de distancia frente, detrás y a un costado suyo, tan alto que puede llegar por encima de su cabeza y debajo de sus pies.
- Ahora observe y sienta esta Luz, rodeándolo de amor como un capullo de Luz gigante en forma de huevo.
- Mientras brilla a través de este capullo de Luz, comience a imaginar piezas tornasoladas de verde esmeralda para la sanación y piezas de color rosa brillante para el amor.
- Este capullo de Luz no interfiere con ninguna expresión saliente o entrante de amor.
- Repita esta Meditación de Luz al despertarse y al acostarse.
- También repita esta meditación cuando se sienta cansado o infeliz.
- Vea y sienta este brillante capullo de luz cada vez que respira. Pronto estará permanentemente con usted.[66]

Escudo del Trabajador de Luz

Lo siguiente fue adaptado de otro de mis maestros espirituales, el fallecido Erik Berglund.

> Pido que un Escudo de Trabajador de Luz sea puesto alrededor de mí ahora.

> Pido que una luz **azul** corra dentro, alrededor y a través de todo mi Ser.

Pido que una luz **dorada** corra dentro, alrededor y a través de todo mi Ser.

Pido que una luz **rosa** corra dentro, alrededor y a través de todo mi Ser.

Pido que un **arcoíris** de colores (rojo, naranja, amarillo, verde, azul, índigo y violeta) gire dentro, alrededor y a través de todo mi Ser.

Pido que una luz **blanca** corra dentro, alrededor y a través de todo mi Ser.

Pido que una luz **dorada** corra dentro, alrededor y a través de todo mi Ser.

Pido que una luz **azul** forme una red en el exterior de este Escudo.

Pido una capa de luz **dorada** por encima de la red azul, en el exterior de este Escudo.

Pido que la luz **rosa** finalice y rodee todo el exterior de este escudo.

Ahora pido a mi Ser Superior que teja un Símbolo de Infinito de Luz Blanca brillante alrededor de todo y que el Universo maximice esta protección que ha sido creada.

Invocación al Arcángel Miguel

Aquí encontrará una de las oraciones que me dio uno de mis maestros espirituales, el fallecido Erik Burgland.

En nombre de mi Presencia YO SOY, de la Fuente dentro de mí, convoco al Arcángel Miguel

-Frente a mí

-Detrás de mí

-A mi derecha

-A mi izquierda

-Por encima de mí

-Debajo de mí

-Dentro de mí

-Y afuera de mí

-Todo alrededor mío

Que nadie dude de mí. YO SOY su amor que protege aquí.

Condiciones de Emergencia

A veces, se presenta una situación donde usted, tal vez, se sienta espiritualmente vulnerable o sienta la presencia de un ente. A menudo, esto puede ocurrir en medio de la noche mientras duerme. En este tipo de casos, las siguientes Órdenes Universales le serán de utilidad:

> **1. ¡No perteneces aquí! Te ordeno que desaparezcas y dejes de existir.**

Repita esta orden tres veces en voz alta.[67]

> **1. Disuélvete, consúmete y transmútate con el poder del Fuego Violeta en la Fuente de todo lo existente.**

Repita esta orden tres veces en voz alta.[68]

Luego, visualice energía Plateada que fluye desde por encima de su cabeza e irradia hacia afuera, para formar un escudo protector, o cinturón de poder, alrededor del área de su plexo solar. Imagine un globo protector de luz Dorada que fluye desde por encima de su cabeza y crea un orbe de energía protectora en el exterior de su campo áurico.[69]

Si todavía siente que está espiritualmente en peligro, pida ayuda extra al Equipo de Limpieza Espiritual de la siguiente manera:

Requiero la presencia del Equipo de Limpieza Espiritual

Requiero la presencia del Equipo de Limpieza Espiritual

Requiero la presencia del Equipo de Limpieza Espiritual

Ordeno la remoción de lo que esté interfiriendo con mi libre albedrío ¡AHORA!

No se necesita realizar nada más, excepto agradecer y liberar al Equipo de Limpieza Espiritual.

A pesar de que siente las energías cambiantes de estos tiempos, usted está fortalecido por los procesos antes mencionados y las oraciones para mejorar dinámicamente su realidad por medio del aumento de su índice vibratorio. Al hacerlo a diario, está ayudando a elevar la frecuencia del planeta.

Capítulo Nueve
Fitness Espiritual

El fitness espiritual es el precursor del crecimiento espiritual y éste último es un proceso continuo. Independientemente de la etapa de vida en la que usted esté, siempre puede encontrar algo para aprender y crecer como persona. Sin embargo, crecer a nivel espiritual no es una tarea fácil y, por supuesto, no sucede rápidamente. Cuando se trata de espiritualidad, debe hacer elecciones diarias que reflejen la preferencia por el crecimiento frente al estancamiento.

Cuando desarrolla su lado espiritual, es importante aumentar sus vibraciones para que pueda elevar la calidad de energía del alma. Esto se puede lograr conectándose con la naturaleza regularmente, leyendo libros inspiradores, meditando a diario, rezando de forma habitual, escuchando música espiritual, pronunciando cánticos o mirando podcasts basados en la espiritualidad. Un contacto frecuente con ángeles o guías espirituales de 100 % Luz pura tendrá como resultado una mejora en todas las fases de su vida, manifestaciones más rápidas de sus oraciones y se convertirá en una persona más abierta y amorosa para los demás.

Una práctica espiritual comprometida a diario puede ayudarlo con el desarrollo de un equilibrio saludable emocional. Es esencial que tenga tiempo para crear serenidad y compasión para tomar decisiones correctas a lo largo del día. Al principio, puede ser solo un poco de tiempo dedicado a concentrarse en la paz interior. La constancia es vital para mantener el tiempo diario e incorporarlo como un cambio de vida. Es esencial saber que no hay forma específica de meditar, rezar o comunicarse con sus guías, maestros y ángeles. Sin embargo, cuando realiza algo con el corazón, con sentimiento, concentración e intención, siempre es efectivo. Elegir vivir solo en el presente representará la mayor diferencia para usted, ya que el cambio es un trabajo que se realiza desde adentro.

A medida que toma conciencia de sus pensamientos, se dará cuenta de cuánto tiempo y energía ha perdido en pensar en el pasado, en preocuparse por el futuro o en concentrarse en aspectos negativos de usted mismo y de otros. Cada pensamiento crea una imagen en su campo de energía. Ideas que están cargadas con emoción positiva o negativa crean un recuerdo aún mayor. Si va a cambiar su vida en una dirección positiva sostenida, el área primaria de concentración es el cuerpo mental. Sus pensamientos están controlando el cuerpo mental de su campo áurico y tiene la oportunidad, antes de cada pensamiento, de continuar con el mismo o cambiarlo. Si un pensamiento negativo se desliza en su conciencia, inmediatamente diga "Cancelar, Limpiar" para borrar el impacto del mismo y reemplazarlo por energía positiva. Con el tiempo, puede entrenar su mente para que sea más positiva. Las siguientes son algunas ideas que puede elegir para enfocarse a diario y lograr un equilibrio espiritual:

1. Comience su día con yoga.
2. Practique la gratitud.
3. Limpie su aura de influencias no deseadas.
4. Envuélvase en un círculo de protección.
5. Dé gracias antes de comer.
6. Repita un mantra.
7. Conéctese con el centro de la tierra.
8. Libere el pasado.
9. Medite.
10. Desconéctese de lazos de negatividad de otros.
11. Alinee sus chakras.
12. Dése suaves golpecitos en el timo por 2 minutos.
13. Lea un texto o un libro inspirador.
14. Practique el perdón para usted mismo y los otros.
15. Aliméntese con comida orgánica certificada y libre de transgénicos.

16. Coloque los colores correctos en sus chakras.
17. Evite cosméticos y químicos tóxicos.
18. Duerma bien.
19. Realice ejercicios de respiración de cualquier tipo.
20. Rodéese de gente positiva.
21. Mueva sus músculos.
22. Practique la aromaterapia.
23. De gracias, a diario, por lo que tiene cuando se levanta
24. Haga favores.
25. Libere lo que no quiere dejar ir.
26. Camine en la lluvia para purificar su aura.
27. Coma de manera consciente.
28. Juegue.
29. Purifique y recargue sus chakras.
30. Absorba prana del sol, los árboles o la tierra.

Todas las sugerencias anteriores pueden ser utilizadas para aumentar sus vibraciones. Incrementarlas ayuda a elevar su conciencia. Cuando esta última se eleva, usted comienza a aprovechar las energías de niveles más altos y su propósito y don espiritual aparecerán.

Se ven varios resultados claves al elevar sus vibraciones. Estos incluyen (pero no se limitan a):

- Auto empoderamiento
- Más creatividad
- Crecimiento espiritual avanzado
- Vivir el presente
- Más alegría y liviandad
- Más apertura y amor hacia otros
- Comunicación con niveles espirituales más altos
- Fe más profunda
- Manifestaciones más rápidas
- Mejor habilidad para lidiar con emociones de otras personas
- Campo áurico más fuerte

Es ampliamente conocido que establecer un hábito lleva treinta días, por lo tanto, es esencial crear una rutina espiritual que usted pueda incorporar fácilmente a su estilo de vida cotidiano, para que no sea tan abrumador. Utilice cualquier tiempo que tenga disponible, pero comprométase a un momento del día para su concentración e intención. Gradualmente irá aumentando ese tiempo a medida que se esfuerza por lograr integridad espiritual. Con un crecimiento constante, usted tendrá acceso a todo en el Universo.

Capítulo Diez
Desconectarse de la Matriz

Todo lo que ha sido pensado o sentido ha dejado su huella en algún lugar de la atmósfera psíquica. El aura psíquica del planeta es una reflexión directa de cómo la humanidad, como un todo, ha sentido y pensado por más de ciento de miles de años. Los acontecimientos principales que han afectado a nuestra historia de alguna manera son guerras, hambruna, enfermedades, desastres y religión. Toda esta energía fue absorbida por el mundo psíquico colectivo o la conciencia de masa.[70]

Esta conciencia de masa, también denominada conciencia colectiva, continúa absorbiendo más energía "similar" de cada pensamiento, sentimiento e idea que resuena con esa misma vibración. Un excelente ejemplo es el miedo. Eso es una conciencia con millones de personas enviando energía de una manera u otra. Muchos creen que existe una conciencia para cada dinámica energética existente.[71]

En otras palabras, cuando usted lidia con sus patrones, energías y emociones, también lo hace con todas las energías resonantes similares que flotan a su alrededor. Cuando trabaja en sus problemas, también lo hace en la energía colectiva de la humanidad y está absolutamente influenciado por ella. A medida que se mueve por la vida en esta Escuela de Tierra, adquiere muchas emociones, actitudes, creencias y energías que son acogidas como propias, pero que no lo son.

Estas energías pueden influir en sus valores, elecciones, y experiencias. Pueden desafiar su fe y confianza en el Universo. Con el tiempo, un individuo puede aceptar estas energías como propias. Esta situación ocurre sutilmente conforme avanza el tiempo y sin darse cuenta de que estas influencias están siendo absorbidas de la conciencia colectiva (masa) y la Matriz que rodea al planeta. La acumulación de estas energías estancadas impide cualquier crecimiento potencial personal, éxito o aceptación de uno mismo. A menudo, estas energías crean un sentido de desesperanza, futilidad o desesperación hasta que un individuo decide conscientemente actuar y salir de la rueda de hámster emocional. Cuando usted se desconecta de esta conciencia colectiva, se libera de los estados de la misma que existen en las esferas más bajas.

El primer paso, en cualquier cambio, es ser consciente de que algo necesita ser diferente. Me han guiado para recordarle esa opción a usted. Simplemente saber que su vida actual no funciona como hubiese deseado, puede ser un punto de inflexión para un cambio. Desafortunadamente, esto no es tarea fácil para la mayoría ya que requiere cierta reflexión interior profunda. Una vez allí, debe aceptar que se ha apartado del propósito de su alma. Cuando esta conciencia evoluciona, es hora de crear una estrategia para facilitar un modelo de vida renovado.

Simplemente con un deseo sincero y una motivación para cambiar, usted puede desarrollar una perspectiva más positiva que esté alineada con la misión de su alma en esta encarnación. La oportunidad de cambio está dentro suyo. La creación de nuevas actitudes, creencias, elecciones, valores y posibilidades se pueden lograr a través de meditación diaria, visualización creativa, rezos, yoga o ejercicios de respiración. Para que esta nueva visión se afirme en su vida actual, concéntrese en cierta calma diaria para comenzar su día con positivismo y expectativa.

Esta transformación positiva se puede lograr siendo agradecido y compasivo, relajándose en su vida diaria, comiendo comida saludable, invocando protección espiritual para su familia, prestando atención a sus pensamientos y evitando situaciones y energías discordantes de otros.

Fundamentalmente, esta flotabilidad espiritual puede además ocurrir cuando usted elige desplazar su conciencia fuera de la frecuencia más baja, donde la matriz vieja del consciente colectivo existe a un índice más favorable de manifestación.

El obstáculo más grande para lograr esta hazaña es liberarse de las emociones temerosas que usted posee. El miedo, en particular, lo limita a ver el espacio disponible para el cambio. Todos tenemos un rol esencial en la Tierra. Liberar la energía del consciente colectivo es una de nuestras misiones espirituales más importantes.[72] La Ley Universal de Resonancia establece que en lo que usted se concentre se convierte en su realidad.[73]

Para liberar la conciencia colectiva (masa) del miedo y recuperar su poder, necesitará actuar. Apague el televisor. Reduzca el tiempo que pasa en las redes sociales. Deje de ver las noticias o programas de crímenes. No vea películas de terror o violencia. Sea consciente en lo que se enfoca mientras usa su computadora. Conéctese con los elementos de la naturaleza. Haga trabajo interior; todas las respuestas se encuentran dentro suyo. Envíe diariamente amor a su cuerpo, familia, amigos, enemigos y a la Tierra. Cuando creencias autolimitadas aparecen en su consciencia, imagine que las libera desde la parte superior de la cabeza como si fueran bocanadas de humo. Una vez que elimine el miedo, sus sueños serán más tranquilos y proféticos.

Desviar las corrientes de miedo, ira y confusión en la conciencia colectiva de la humanidad requiere que las energías de alegría sean invocadas desde el Alma. Esta energía aparece como un color dorado pálido, similar al ginger ale, y contiene burbujas efervescentes. Se accede a ella conectando su Alma y diciendo: "***La naturaleza del Alma es alegría. Como el Alma, invoco las energías de alegría***". Visualice estas energías cayendo, en forma de cascada, desde el chakra de su coronilla. Luego, permita que esta sensación impregne toda su aura.[74]

Por último, conscientemente y con intención, salga de la Matriz desde cada emoción de vibración inferior que usted sienta. Será consciente de si es su propia emoción o si estaba conectado a las nubes colectivas del mundo psíquico de los sentimientos y pensamientos. Fui guiada para crear la siguiente sentencia, en dos pasos, para la desconexión de la Matriz. Recuerde, lo más importante es que su intención es salir de la Matriz. Recomiendo que comience con la emoción negativa más intensa que sea obvia en su vida. De otro modo, tal vez quiera empezar, por lo que considero, las doce más importantes sin ningún orden en particular:

Miedo	Traición
Enfado	Confusión
Culpa	Abandono
Ansiedad	Separación
Dolor	Pena/Tristeza
Impotencia	Envidia

Sentencias para la Matriz
(Diga oralmente)

Repita cada sentencia hasta que note un cambio en su cuerpo, respiración o estado de ánimo. En general, no lleva más de diez repeticiones. A medida que la densidad se eleva, es común ser consciente de la(s) siguiente(s) emoción(es) para desconectarse.

1. *"Elijo desconectarme de la Matriz de* (diga la emoción) *que rodea al planeta".*

    Después de que el cambio ocurra, diga lo siguiente en voz alta:

    "Que el espacio donde (diga la emoción) *se haya liberado/a de la Matriz que rodea al planeta, se llene de amor incondicional y con la Luz de la Fuente".*

2. *"Elijo desconectar todos mis ancestros (pasados, presentes, futuros) de la matriz de* (diga la emoción) *que rodea al planeta".*

"Que las áreas donde (diga la emoción*) **se haya liberado/a
de la Matriz que rodea al planeta, se inunden de amor
incondicional y con la Luz de la Fuente".**

Además, estar en un lugar de calma en su corazón mientras hay caos en los que lo rodean, le permitirá a usted emanar una vibración equilibrada que afectará a los que estén más cerca. La mejor forma de lograr este estado es mantenerse sin estrés lo más posible, con una perspectiva positiva y enfocándose en un gran futuro. Únase a grupos de individuos con ideas afines y con objetivos en común para cantar, rezar o repetir cánticos. Los grupos pueden ser poderosos.

Capítulo Once
Sanaciones de la Tierra

Las siguientes meditaciones pueden ser realizadas después de que haya completado todos los pasos habituales para implementar una Limpieza con Arcángeles a una propiedad. **Sin embargo, solo se deben realizar cuando usted esté bajo la protección de la Cámara Sagrada del Consejo Divino de Universos.**

1. Sanación a la Madre Tierra

Pida a las corrientes sanadoras de todos los Seres Espirituales de 100% Luz pura, cuya presencia usted ha invocado, que fluyan hacia la Tierra.

Primero, visualice, imagine o pida que estas energías divinas sean dirigidas al centro de la Madre Tierra. Pida que haya equilibrio y armonización en la base del planeta. Pida que brote Amor Incondicional para que todo lo que necesita ser sanado sea sanado, equilibrado y purificado a través de la Gracia, en lugar del karma. Pida a los Arcángeles presentes que irradien sus energías de sanación al área que rodea la Tierra. Cuando termine, finalice la Meditación como si completara una Limpieza con Arcángeles (expresando gratitud y luego conectándose con usted mismo).[75]

2. Dispersar conflictos políticos

Tenga en mente y en el corazón la región política específica que ha elegido. Invoque al Maestro Saint Germain para que encienda la Llama de Transmutación Violeta dentro, alrededor y a través de esa área particular para que transmute toda negatividad. Pida a los Arcángeles presentes que creen una situación armoniosa y pacífica. Convoque a la Deva de ese país o área geográfica para que preste su asistencia allí de manera continua. Cuando termine, finalice la Meditación como si completara una Limpieza con Arcángeles (expresando gratitud y luego conectándose con usted mismo).[76]

3. Erradicar problemas sociales

Elija un problema social específico con el que se sienta sensibilizado. Algunos ejemplos pueden ser:

- Intolerancia religiosa
- Conflicto racial
- Niños que necesitan mayor protección
- Tráfico humano
- Personas famélicas
- Refugiados
- Elevación de la conciencia de la juventud o funcionarios de gobierno
- Eliminación de maltrato doméstico o infantil
- Personas sin hogar

No hay fin a los problemas que pueda elegir enfocarse en este momento a lo largo de la historia.

Coloque su atención en el problema social que ha seleccionado como si fuera su meditación al servicio del mundo y pida a los Arcángeles presentes que dirijan Amor y Luz directamente al corazón de ese problema. Visualice, imagine o intente que la energía de ese problema transforme una situación de injusticia, discordancia y discriminación en una expresión de la Fuente, llena de Luz y Amor. Convoque al Maestro Saint Germain para que mejore y transforme la situación con la Llama Violeta de Transmutación y para que todo sea parte de la expresión suprema de la Fuente. Cuando termine, finalice la Meditación como si completara una Limpieza con Arcángeles (expresando gratitud y luego conectándose con usted mismo).[77]

4. Preservar los bosques pluviales y todos los demás bosques

Pida a los Arcángeles presentes y a la Deva de los Bosques Pluviales, y de todos los demás bosques, que ayuden a construir una forma de pensamiento grupal, suficientemente fuerte para que afecte las formas de pensamiento de aquellos que destruyen estas tierras sagradas.

Visualice, imagine o piense que estos bosques están creciendo y funcionando en una hermosa armonía con la humanidad y que todos los reinos de evolución en este planeta ayudan a mantener el crecimiento de los mismos. Cuando termine, finalice la Meditación como si completara una Limpieza con Arcángeles (expresando gratitud y luego conectándose con usted mismo).[78]

5. Proteger las especies en vías de extinción y otros animales

Pida a los Arcángeles presentes y a la Deva del Reino Animal, y de todos los demás animales, que protejan a las especies en extinción de nuestro mundo, que ayuden a detener el abuso animal de cualquier tipo y, en su lugar, promuevan el trato compasivo del reino animal.

Visualice, imagine o piense que los animales salvajes erran libres, siguiendo sus instintos sin interferencia de la humanidad y que todos los bosques y junglas son libres y no tienen trampas que podrían, potencialmente, herir a estos animales. Pida que alternativas se impriman en la conciencia colectiva de la humanidad, lo que permitirá el cese de la experimentación animal, que será reemplazada por formas de estudio benignas. Cuando termine, finalice la Meditación como si completara una Limpieza con Arcángeles (expresando gratitud y luego conectándose con usted mismo).[79]

6. Preservar los océanos y todos los cuerpos de agua

Pida a los Arcángeles presentes y a la Deva de los Océanos, y de todas las fuentes de agua dulce, que ayuden a construir una forma de pensamiento grupal suficientemente fuerte para que afecte las formas de pensamiento de aquellos que destruyen estos recursos de agua inmaculada.

Visualice, imagine o piense que estos océanos están en una hermosa armonía con la humanidad y que todos los reinos de evolución de este planeta ayudan a mantener la pureza de los océanos y las fuentes de agua natural. Cuando termine, finalice la Meditación como si completara una Limpieza con Arcángeles (expresando gratitud y luego conectándose con usted mismo).[80]

7. Liberar almas atrapadas en la Tierra

Muchas veces, las personas que murieron en tragedias en el pasado permanecen en la Tierra. Quedan atrapadas en el tiempo y en la Tierra y no pueden desarrollar su espíritu en una línea de tiempo futura. Pida a los Arcángeles presenten que ayuden a despertar cualquier alma atrapada en la esfera astral inferior y que están amarradas a la Tierra de una manera malsana. Tal vez, entonces, suelten voluntariamente todas las ataduras que ya no les sirvan y sean asistidas en su transición plena a los planos interiores para continuar con su evolución.

Visualice, imagine o piense que cualquier negatividad o emotividad que estas almas terrenales pueden haber absorbido inconscientemente, ahora son removidas para que encuentren un propósito superior dentro de la Luz. Cuando termine, finalice la Meditación como si completara una Limpieza con Arcángeles (expresando gratitud y luego conectándose con usted mismo).[81]

8. Asistir almas en transición

Pida a los Arcángeles presentes que ayuden a cualquier persona o animal *(introduzca el nombre de una persona o animal)* que esté pasando en este momento por su transición, llamada muerte, a que se mueva de forma rápida, cuidadosa y fácil y que busque solo la Luz suprema. Pida que sus vidas en el plano interior se llenen de amor, paz y alegría y que la Luz los acoja y los lleve a su Hogar, a medida que se funden con la Luz de la Fuente.[82]

Capítulo Doce
Glosario de Términos

Obtuve las siguientes definiciones de muchas de mis meditaciones en más de tres décadas. Mi única fuente de referencia es mi Ser Superior.

Glosario de categoría de definiciones

Almas descarnadas: Individuos muertos que permanecen atrapados en la Tierra por voluntad propia después de la muerte. Conservan miedos, emociones, intereses y actitudes previas. A menudo, las marcas de su cuerpo físico están encima del cuerpo del portador, lo cual puede causar síntomas o condiciones físicas o emocionales. Pueden tener adicciones que desean satisfacer de forma indirecta a través del portador.

Almas fragmentadas: Son fragmentos o partes de uno mismo u otras almas, creadas por acontecimientos traumáticos.

Altos niveles negativos: Fuerzas negativas que tienen una jerarquía en la conciencia oscura, como los seres espirituales que ascienden a la Luz. Su intención original es desviar a buscadores de su camino.

Ángel oscuro: Esta categoría es otro ejemplo de la jerarquía de fuerza oscura. Intenta engañar e influenciar a los buscadores espirituales que no califican la fuente de su comunicación espiritual.

Archidemonios: Solo comprenden la energía negativa de los tres chakras inferiores: supervivencia, miedo y control. Son extremadamente hostiles, arrogantes y egoístas.

Ataduras a vida pasadas: Estos son contratos, acuerdos o karma que son acarreados de vidas pasadas e impiden el progreso espiritual. A menudo, las personas continúan repitiendo lecciones y patrones hasta que son removidos.

Bandas energéticas: campos de fuerza energéticos, unidos al aura, que interfieren en la comunicación de un individuo con seres espirituales superiores. Pueden causar verdaderos dolores de cabeza.

Campos de fuerza: Barrera de vibración negativa que rodea a personas o lugares y protege el acceso a energías vibracionales superiores. Pueden alterar el flujo de energía de los chakras superiores a los inferiores y mantener a la gente atrapada en la negatividad.

Candados: Bloqueos energéticos auto impuestos a los chakras o entre capas áuricas. La intención es cerrar emociones para lidiar, eficazmente, con situaciones de vida. Estas obstruyen el flujo de energía electromagnético a través de los chakras.

Códigos: Formato único marcado de una vida pasada en el cuerpo mental. Se conectan con el karma de vidas pasadas.

Conciencia de masa: Este término se refiere a la identidad singular de un grupo y sus creencias. También se la denomina "el colectivo" ya que es la memoria colectiva registrada del planeta.

Conflictos internos: A menudo, estas luchas internas afectan las creencias, los deseos, las habilidades y las emociones de una persona. La mantiene inmovilizada con respecto a cuál es la acción indicada. Son creados por el miedo y la culpa, en general.

Controles de frecuencia: Índices de vibraciones que entran al campo de energía con propósitos de programación y manipulación del pensamiento. Pueden causar miedo y ansiedad.

Cuerdas energéticas: Ligaduras energéticas a personas, lugares y cosas. Le crean a un individuo un drenaje de energía físico, mental y espiritual, mantienen a las personas "atrapadas" y no permiten que las propiedades se vendan. Aparecen, a menudo, cuando la gente otorga poder a otros.

Debilidades áuricas: Agujeros, rasgaduras, fisuras y grietas que se encuentran en cualquier capa del aura humano. Crean vulnerabilidad a ligaduras energéticas negativas. Son causadas por drogas, alcohol, trauma, emociones intensas y anestesia. Además, pueden estar asociadas a experiencias de vidas pasadas.

Eclipse: Energía negativa fuera del cuerpo que se desliza entre el Ser Superior de una persona y "Todo lo existente". Dificulta la creación de una conexión segura con Dios.

Emociones: Estados emocionales que han sido creados por acontecimientos o personas que interactúan con individuos a lo largo de la vida.

Energías atrapadas: Atrapamientos energéticos rígidos que protegen al individuo de cualquier tipo de estado emocional profundo. Pueden actuar como un aprisionamiento energético.

Energías negativas acumuladas: Trabajo reticular que se crea por negatividad y estrés a largo plazo, parecido a una jaula. Crea bloqueos a la claridad, la creatividad y al cash flow.

Energías negativas innombrables: todas las categorías que no son conocidas ni descriptas en este momento.

Energías psíquicas asesinas: Energías negativas que son dirigidas hacia alguien que contempla elevar su conciencia. Intentan debilitar y ganar acceso a la energía de fuerza de vida de una persona. Estas energías, a menudo, no permiten que alguien se quede dormido cuando está exhausto.

Energías satánicas: Energías muy oscuras que intentan alejar almas humanas de su propósito espiritual. No creen en la realidad de Cristo y en la validez de Su mensaje.

Energizante negativo: Funciona como una batería para alimentar cualquier negatividad que la persona encuentra.

Esclavitud: Formas de pensamiento creadas para provocar confusión. Puede causar adicción a una sustancia. Etéreamente, estas formas de pensamiento se asemejan a sogas y cadenas.

Esencias negativas: Estas son los residuos pesados que quedaron de una acumulación de formas negativas de pensamiento o de cualquier otro tipo de negatividad.

Falsas creencias: Creencias basadas en la percepción de una persona y no en la verdad.

Formas de pensamiento autoinfligidas: Creencias autoimpuestas y verdades internas originadas en recuerdos de infancia, traumas pasados o falta de perdón a sí mismo.

Formas negativas de pensamiento: Creaciones de pensamiento humano que permanecen merodeando a una persona o una ubicación geográfica, desarrolladas a través de los siglos por gente con intenciones malignas. Pueden parecerse a una nube. Además, pueden ser proyectadas por fuerzas externas.

Implantes energéticos: Enchufes de energía implantados en chakras o auras de manera intencional. Generalmente, están compuestos por sustancias astrales.

Impostores: Esta categoría simula ser nuestro Ser Superior. Es común en gente espiritualmente despierta.

Influencias astrales: Estas energías interfieren con el sistema magnético del cuerpo.

Influencias vibracionales: Estas corrientes de energía interfieren y manipulan el flujo electromagnético normal de los cuerpos imperceptibles.

Interferencias con el cash flow: Bloqueos energéticos al cobro y flujo de dinero a personas y a negocios. Puede paralizar cuando se piensa de forma negativa en el dinero.

Interferencias con pensamientos: Turbulencia mental proyectada de una fuente energética exterior a una claridad y un enfoque reducidos.

Interferencias electromagnéticas: Barreras vibratorias que alteran el equilibrio saludable de las corrientes electromagnéticas en el cuerpo físico en cualquier nivel.

Maestros oscuros altamente evolucionados: Seres ascendidos que han elegido servir al avance de la humanidad, intentando alejar a las almas humanas de su camino espiritual y el propósito de vida. Descartan las almas cuya dedicación, sabiduría y percepción no están suficientemente desarrolladas para permitirles avanzar a esferas espirituales superiores.

Maleficio: Decreto negativo dicho en voz alta para invocar al mal y al conflicto y causar daño a alguien o algo. Puede ser del pasado o presente. Los temas generales incluyen amor, dinero, salud y limitación personal.

Manipulaciones: Distracciones, obstáculos y demoras conectadas con situaciones espirituales, carreras y relaciones, a menudo, para quitar gente del camino.

Membrana áurica: Está compuesta de capas de energía entre cuerpos áuricos que interrumpen el flujo de energía entre los niveles del aura.

Miembros de la hermandad oscura: Fuerzas negativas que buscan dificultar el avance espiritual de la humanidad. Causan dificultades a individuos, crean confusión sobre la espiritualidad y desvían las energías de las personas.

Prejuicios: Estas son opiniones o juicios preconcebidos que, en general, son desfavorables. A menudo, son injustificados e irrazonables.

Presencia demoníaca: Baja vibración e inteligencia que no tiene alma y nunca se ha reencarnado en su propio cuerpo humano. Se alimenta del dolor del sufrimiento humano e interfiere en las relaciones amorosas. Puede causar autodestrucción a través de autoestima debilitada.

Programación: Mensajes directos grabados telepáticamente en el cuerpo mental del aura por una fuerza o energía externa.

Puerta psíquica abierta: La puerta psíquica está ubicada en la base del cráneo. Esta puerta debe permanecer cerrada y custodiada por un guarda.

Residentes: Tipos de desencarnados que están energéticamente unidos dentro de una de las capas áuricas. Debilitan la fuerza y distorsionan la perspectiva mental. Funcionan como una posesión parcial.

Shocks psíquicos a chakras y auras: Agresiones proyectadas a los centros de energía de una persona para mantener a una persona desequilibrada, fatigada, desorientada o sin conexión a la tierra.

Sombra interior: Energía negativa fuera del cuerpo que se desliza entre una persona y su Ser Superior para bloquear información de naturaleza espiritual y se opone a las meditaciones.

Vampiro psíquico: Una persona que magnetiza energía del campo áurico de otra persona. Por lo general, este es un individuo débil que extrae fuerza de una persona más fuerte. Puede ser un progenitor/a que vive de la vitalidad de su hijo/a.

Vías telepáticas: Información y energías negativas que no son canalizadas para el bien supremo.

Vínculo psíquico: Es un apego emocional, obsesivo y poco saludable a algo, con la imposibilidad de dejarlo ir.

Conclusión

A media que caminamos por este camino que hemos elegido para esta estadía en la Tierra, queremos asegurarnos de hacer una diferencia por haber estado aquí, no importa cuán pequeño sea el legado. Cada uno de nosotros es una pieza viable en este gran rompecabezas de la evolución de la humanidad. Cuando cambiamos nuestro mundo interior, como resultado, el mundo exterior también cambia.

Este es un tiempo propicio en la evolución del planeta. No se distraiga ni pierda la oportunidad de contribuir a un mundo mejor. El tiempo para el cambio es ahora, así que dé el primer paso.

Agradecimientos

Agradezco profundamente a Todos mis Guías y Maestros 100 % Luz Pura, los Arcángeles, los Maestros Ascendidos y a los Seres de Luz de mi Equipo de Limpieza Espiritual por su amor, guía e inspiración y por ayudarme en la creación de este tercer libro.

Quiero expresar mi más sincera gratitud a las siguientes personas por sus contribuciones en el desarrollo de este libro: Dr. David Bone, Paula Snellings y Connie Repoli por su entusiasmo y apoyo y a las Hermanas de Notre Dame del "LIAL Renewal Center" por brindarme las condiciones que necesitaba para escribir este libro. Agradezco también a los siguientes autores: Diana Wig, Ray Sette, Amara Mahdhuri y Carol Ray por leer el manuscrito y expresar su opinión sobre el mismo. Gracias a todos los que patrocinaron y asistieron a mis Jornadas Intensivas de Fin de Semana por sus contribuciones, experiencias y valiosos comentarios.

Mi más sincero agradecimiento a las siguientes personas: mi hermana, Kristy por su amor y apoyo incondicional a lo largo de todo el camino; mis hijas Kimberly y Kelley y mis nietos Avery y Quinn, quienes me han permitido amar plenamente. Quisiera extender mis bendiciones a todos los estudiantes y clientes pasados, presentes y futuros; a todos los que me han ayudado, conocidos y desconocidos, en mi camino espiritual y a todos los que leyeron este libro y utilizaron la información para mejorar su calidad de vida en su camino espiritual.

Acerca de la autora

Rev. Diana Burney, RN (enfermera registrada), BSN (Licenciatura en enfermería), M. Ed (Maestría en Educación), D.D. (Doctorado en Divinidad)

Diana posee más de 40 años de experiencia en administración, asesoramiento, marketing y educación. Desarrolló exitosas prácticas de asesoramiento privadas en cuatro estados mientras, a su vez, se mantenía actualizada con respecto a las credenciales apropiadas para la actividad en la asistencia médica. Diana es enfermera registrada, hipnoterapeuta certificada y ministra ordenada de la Orden de Melquisedec del *Sanctuary of the Beloved* en Conesus, New York. Es, también, Maestra certificada de Reiki, además de Practicante de Sanación Magnificada. Posee una Maestría en Educación de *Cleveland State University* y un Doctorado en Divinidad de *The College of Divine Metaphysics* en Glendora, California. Diana ha realizado cientos de miles de Limpiezas con Arcángeles a propiedades, individuos y animales por más de 28 años. Estas limpiezas se realizaron en cada estado de los Estados Unidos de Norteamérica y en más de 80 países. Sin publicitar estos servicios, las personas la han encontrado después de oír sobre su exitoso trabajo. Ha aparecido en la revista SPA y se han escrito artículos sobre sus exitosas Limpiezas Energéticas a distancia para hogares y propiedades en el *Toronto Star* y el *Florida-Times Union*.

Diana ha aparecido en varios programas de cable y radio, incluyendo "Coast to Coast" con Art Bell y "The Uri Geller Show". Ha estado enseñando Cursos Intensivos de Limpieza Espiritual de Fin de Semana por más de 20 años, cinco de esos años en el *Fellowship of the Spirits* en Cassadaga, Nueva York. Además, es autora de dos libros premiados, *Spiritual Clearings* y *Spiritual Balancing*. Actualmente, reside en Ann Arbor, MI y es presidente de *Earth Release* desde 1999 y fundadora de *Healing Vibrations* desde 2001. Puede ser contactada a través de su página web www.earthrelease.com para entrevistas, apariciones y conferencias.

Notas Finales

1 Fuente desconocida

2 Burney, Diana. *Spiritual Clearings: Sacred Practices to Release Negative Energy y Harmonize Your Life*: Berkeley: North Atlantic Books, 2009.

3 Stone, Joshua David. *Soul Psychology: How to clear Negative Emotions and Spiritualize your Life*. Nueva York: Ballantine Wellspring, Ballantine Pub. Group, 1999, Pág. 285

4 Starr, Aloa. *Prisoners of Earth: Psychic Possession and Its Release*. Arizona: Light Technology Publishing, 1987, Pág. 44.

5 https://www.wongkiewkit.com/forum/ Author Desconocido, 2005.

6 Fuente desconocida

7 http://www.unity.org/resources/articles/prayer-protection.

8 Mitchell, Wayne. *New Heart English Bible*. (Bloomington, IN: Authorhouse, 2008), Mateo 6:9–13.

9 Crowley, Brian & Esther. *Words of Power: Sacred Sounds of East & West*. Llewellyn Publications. (St. Paul, Minnesota, 1991) Pág. 65–68.

10 Chanera. *"I AM" Adorations and Affirmations: Part I*. (Schaumburg. IL: Saint Germain Press INC, 1993), Pág. 3.

11 Crowley, 159–161.

12 Crowley, 163–166.

13 Truman, Karol K. *Feelings Buried Alive Never Die …* (Las Vegas, NV: Olympus Distributing,1991) Pág. 220–264.

14 Judith, Anodea. *Wheels of Life: A User's Guide to the Chakra System*. Llewellyn Publications. (St. Paul, Minnesota, 1988) Pág.46–47.

[15] Jasmuheen. *In Resonance* Self-Empowerment Academy (Kenmore, Australia, 1996) Pág. 33–34.

[16] Fuente desconocida

[17] https://www.wongkiewkit.com/forum/forum/suggested-reading/articles-and-popular-topics/2938-heal-yourself-before-healing-others.

[18] http://www.unity.org/resources/articles/prayer-protection

[19] Mitchell, Wayne. *New Heart English Bible.* (Bloomington, IN: Authorhouse, 2008), Mateo 6:9–13.

[20] Crowley, Brian & Esther. *Words of Power: Sacred Sounds of East & West.* Llewellyn Publications. (St. Paul, Minnesota, 1991) Pág. 65–68.

[21] Chanera. *"I AM" Adorations and Affirmations: Part I.* (Schaumburg. IL: Saint Germain Press INC, 1993), Pág. 3.

[22] Crowley, 159–161.

[23] Crowley, 163–166.

[24] Fuente desconocida

[25] https://www.learnreligions.com/st-Francis-of-Assisi-patron-saint-124533

[26] https://discoveringdowsing.com

[27] Mitchell, Karyn K. Reiki: Beyond the Usui System, Pág. 222.

[28] Jurriaanse, D. *The Practical Pendulum Book,* York Beach, Maine (Samuel Weiser, INC, 1986) Pág. 1–3.

[29] Olson, Dale. *The Pendulum Charts,* (Eugene, OR Crystalline Publications, 1989) Pág. 1–2.

[30] Wright, Machelle Small. *M.A.P. Medical Assistance Program.* (City, Publisher), Date, Pág. 243–245.

[31] https://discoveringdowsing.com/finger-thumb_dowsing

[32] www.beyond-hearing-voices.com

[33] https://www.perelandra-ltd.com/PKTT-Self-Testing-Steps-W75.aspx.

34 https://www.livestrong.com/article/325815-techniques-for-self-muscletesting

35 https://hblu.org/self-help-information/muscle-testing-self-help-techniques.html

36 www.angelguides.com/how-to-muscle-test-yourself.

37 Doering, Julie Renee. *Your Divine Blueprint*, (Gable Kennedy-Middletown, DE, 2015), Pág. 245.

38 https://discoveringdowsing.com/3-favorite-deviceless-dowsingtechniques

39 Prophet, Elizabeth Clare, y Patricia R. Spadaro. *Alchemy of the Heart: How to Give and Receive More Love*. (Corwin Springs, MT: Summit University Press, 2000), pág. 128.

40 Printz, Thomas. *The Seven Mighty Elohim Speak on the Seven Steps to Precipitation*. (Mount Shasta, CA: Ascended Master Teaching Foundation,1986), Pág. 29.

41 Cooper, Diana. *A New Light on Ascension*, (Escocia, Reino Unido: Findhorn Press, 2002), pág.144.

42 Cooper, pág. 145.

43 Virtue, Doreen, PhD. *Archangels & Ascended Masters* (Carlsbad, CA: Hay House, 2003), pág. 98.

44 Schroeder, Werner, *The Angelic Kingdom*, (Mount Shasta, CA: Ascended Master Teaching Foundation, 2008), pág. 45–35.

45 Virtue, pág. 153–155.

46 Virtue, pág. 233.

47 Schroeder, pág.13.

48 Cooper, Diana y Whild, Tim. *The Archangel Guide to Ascension*, (Carlsbad, CA: Hay House, 2015) pág.118–120.

49 Virtue, pág. 38-30.

50 Virtue, pág. 45.

[51] Virtue, pág. 21.

[52] Virtue, pág. 19.

[53] Schneider, Petra y Pieroth, Gerhard, *Archangels and Earthangels*, (Twin Lakes, WI, Arcana Publishing, 2000), pág. 118–119.

[54] Schneider and Pieroth, pág. 124-125.

[55] Shumsky, Susan, *Ascension: Connecting with the Immortal Masters and Beings of Light*, (Franklin Lakes, NJ, 2010) pág.59.

[56] Hummel, Christan, *Space Clearing Kit*, (Oceanside, CA: One Source Publications 2004), pág, 120.

[57] www.crystallinks.com/nature_spirits.html.

[58] Stone, Joshua David. *Soul psychology: How to Clear Negative Emotions and Spiritualize Your Life*. New York: Ballantine Wellspring, Ballantine Pub. Group, 1999, Pág. 280.

[59] Stone, Joshua David. *Beyond Ascension: How to Complete the Seven Levels of Initiation*. Sedona, AZ: Light Technology Pub., 1995, pág. 99.

[60] Printz, Thomas. *The Seven Mighty Elohim Speak on the Seven Steps to Precipitation*. Mount Shasta, Calif. Ascended Master Teaching Foundation, 1986. Pág. 28 Pág. 92, I AM Guard, Prophet.

[61] Printz, Thomas. *The Seven Mighty Elohim Speak on the Seven Steps to Precipitation*. Mount Shasta, Calif. (P.O. Box 466, Mount Shasta 96067): Ascended Master Teaching Foundation, 1986. Pág. 28.

[62] Prophet, Elizabeth Clare. *Access the Power of Your Higher Self*. Corwin Springs, Mont.: Summit University Press, 1997.pág. 48

[63] Luk, A.D.K. *The Law of Life: Book II*, (Pueblo, Colorado: A.D.K. Luk Publications, 1989), Pág. 37.

[64] Prophet, pág. 49.

[65] Baldwin, William J. *Healing Lost Souls: Releasing Unwanted Spirits from Your Energy Body*. (Charlottesville, VA: Hampton Roads Pub)., 2003, Pág. 273.

[66] Baldwin, William J. *Spirit Releasement Therapy: A Technique Manual.* (Terra Alta, WV: Headline Books, 1992), Pág. 385.

[67] Luk, A.D.K. *The Law of Life: Book II,* (Pueblo, Colorado: A.D.K. Luk Publications, 1989) pág. 37 Law of Life.

[68] Starr, Aloa, *Prisoners of Earth: Psychic Possession and Its Release* (Sedona, AZ: Light Technology Publishing, 1993, pág.164.

[69] Two Disciples. *The Rainbow Bridge* (Danville, CA: Rainbow Bridge Productions,1982), 189.

[70] Ken Page y Nancy Nester. *Energy Techniques for Spirit Releasement,* (Cleveland, GA: Clear Light Arts, ADL, 2004), pág. 70.

[71] Bloom, William. *Psychic Protection.* (Piatkus Pub., 2012), pág. 134–135.

[72] Page and Nester, pág. 71.

[73] https:lawsoftheuniverse.weebly.com/law-of-resonance.html.

[74] Two Disciples, pág. 189.

[75] Stone, Joshua David. *How to Teach Ascension Classes* (Sedona, AZ: Light Technology Pub., 1998), pág. 57.

[76] Adaptado de Stone, pág. 58.

[77] Adaptado de Stone, pág. 59.

[78] Adaptado de Stone, pág. 67.

[79] Adaptado de Stone, pág. 73.

[80] Adaptado de Stone, pág. 68.

[81] Adaptado de Stone, pág. 62.

[82] Adaptado de Stone, pág. 61.

www.ingramcontent.com/pod-product-compliance
Lightning Source LLC
Chambersburg PA
CBHW030329080526
44584CB00012B/776